2011年全国十大考古新发现

漳平奇和洞遗址图鉴

福建博物院
福建省龙岩市文化广播电视新闻出版局
福建漳平市文化体育局
编著

科学出版社
北京

图书在版编目（CIP）数据

漳平奇和洞遗址图鉴 / 福建博物院，福建省龙岩市文化广播电视新闻出版局，福建漳平市文化体育局编著. —北京：科学出版社，2015.4

（2011年全国十大考古新发现）

ISBN 978-7-03-044174-4

Ⅰ.①漳… Ⅱ.①福… ②福… ③福… Ⅲ.①石器时代—文化遗址—漳平市—图集 Ⅳ. ①K878.02

中国版本图书馆CIP数据核字（2015）第083110号

责任编辑：孙　莉

责任印制：肖　兴／书籍设计：北京美光设计制版有限公司

科学出版社 出版

北京东黄城根北街16号

邮政编码：100717

http://www.sciencep.com

北京利丰雅高长城印刷有限公司 印刷

科学出版社发行　　各地新华书店经销

*

2015年4月第　一　版　　开本：889×1194　1/16

2015年4月第一次印刷　　印张：13

字数：375 000

定价：238.00元

（如有印装质量问题，我社负责调换）

编委会

主编

范雪春

编写人员

范雪春　王晓阳　危长福　黄运明

漳平奇和洞遗址图鉴

2011年全国十大考古新发现

卷首语

福建腹地戴云山的西南坡，有一片跌宕起伏的山峦，那里无际的林海莽莽苍苍，望不到尽头；清澈的泉水永不停息地从陡峻峡谷的石岩旁流过，发出轻快的声响；小溪两岸葱绿的草丛中，五颜六色的野花尽情绽放，莺歌燕舞，蝶飞虫鸣，呈现出一派迷人的田野风光。

漳平市象湖镇灶头村东北方向4千米，屹立着一座喀斯特山冈，灌丛簇拥的石灰岩体中发育出无数溶洞。它们洞洞相通，内中石钟乳、石笋比比皆是，独特景象蔚为奇观，深藏在荆棘丛中的奇和洞便是其中的一个。奇和洞，洞口向西，宽26米，深16米，高4.5米，洞口大厅百十平方米，洞内小岔如织，宛如迷宫。令人意外的是，这个依山傍水、宽敞明亮的洞穴，竟是距今17 000~7 000年前先民曾经栖居的地方。在万余年的岁月里，有三批先民凭借勤劳勇敢和聪明才智，来此安家落户。他们用岩石打制或磨制石器，把动物骨骼磨制成骨器，上山采集块根茎叶、射猎飞禽走兽，下河拣螺、拾蚌、捉鳖、摸鱼，在洞口制作陶钵、陶盆、陶罐，筑灶烧烤食物，创造出璀璨的史前文化。

奇和洞遗址的地理位置

奇和洞遗址全景

星月轮转，沧桑巨变，距今7 000年前这里区域性地壳上升，降水增强，洞顶岩块坍塌，泥沙渐渐掩盖居住面，终结了先民在奇和洞的居住历史，那些多姿多彩的文化遗物也因此被埋没于厚厚的地层之中。

踏山路崎岖，迎烈日风雨，考古队员沿着先民的足迹追寻远古时代文明。2008年晚秋，正当全国第三次文物普查工作进行的如火如荼之际，龙岩市文化与出版局（现更名为文化广电新闻出版局）组织的洞穴调查队最先掀开奇和洞神秘的面纱。他们在洞内晚更新世地层中（约距今60 000年前）发现一批哺乳动物化石。之后，由福建博物院、龙岩市文化与出版局组成的联合考古发掘队，在漳平市博物馆的大力协助配合下自2009至2012年分四阶段对奇和洞进行正式考古发掘。四次发掘工作均由福建博物院范雪春研究员为考古领队，龙岩市文化与出版局纪检组长李史明（分管文物工作）为项目负责，发掘取得极其丰硕的成果，许多尘封已久的文化遗存得以重生!

本图鉴集奇和洞遗址出土遗存之精品，展现出万年前先民们在奇和洞居住期间所遗留下来的各类遗迹和遗物人工石块堆砌地面、房基、灶台、火膛，许多曾经使用过的石质工具、骨质工具，以及反映生态环境几度变迁的动物骨骼；领略先民为了人类文化发展和自身生计一往无前的强大精神力量和谱写的灿烂文明史诗，也是先民为我们留下的无价之宝。

奇和洞远景（张葆英 绘）

奇和洞遗址

漳平奇和洞遗址图鉴

2011年全国十大考古新发现

目录

旧石器时代遗址的石铺地面是史前人类的惊世之作，也是最早的室内装修。第一期，先民们居住在奇和洞居内，由于洞口大厅凹凸不平并且地面潮湿，便从河沟捡来砾石铺成活动面，这是他们为改善室内环境的非凡举措。灰坑和灶，都是先民烧烤食物的地点。进入新石器时代以后，在第二期，先民们留下3个火塘遗迹，他们用来烧烤和烹煮食物及水。第二、三期先民们还留下了房屋建筑、11个柱洞，以及灶、火膛和排水沟等遗迹。房屋建筑由房基和柱洞组成，长方形，地面用黄褐色沙土和烧土铺垫，结构致密，表面光滑平坦，内中伴出大量红烧土、灰烬、零星石器、陶片和木骨泥墙残块。灶，位于房基的西北角，仅残存底部，部分为红褐色烧结面，为不规则形，圜底，其中残存动物碎骨、烧骨和夹砂陶片。

这些遗迹是第二、三期居住在奇和洞的先民们留下的劳动结晶，也是他们改善生活条件的实证。

从此以后直至今日，人们对奇和洞的利用就从未停息过！

第一篇 遗迹

石铺活动面（距今 17 000–15 000 年）（东—西）

房址（距今 10 000–7 000 年）

石铺活动面（距今 17 000–15 000 年）（北—南）

柱洞（年代距今 10 000–7 000 年）

灶（年代距今 10 000–7 000 年）

明代寺庙墙基

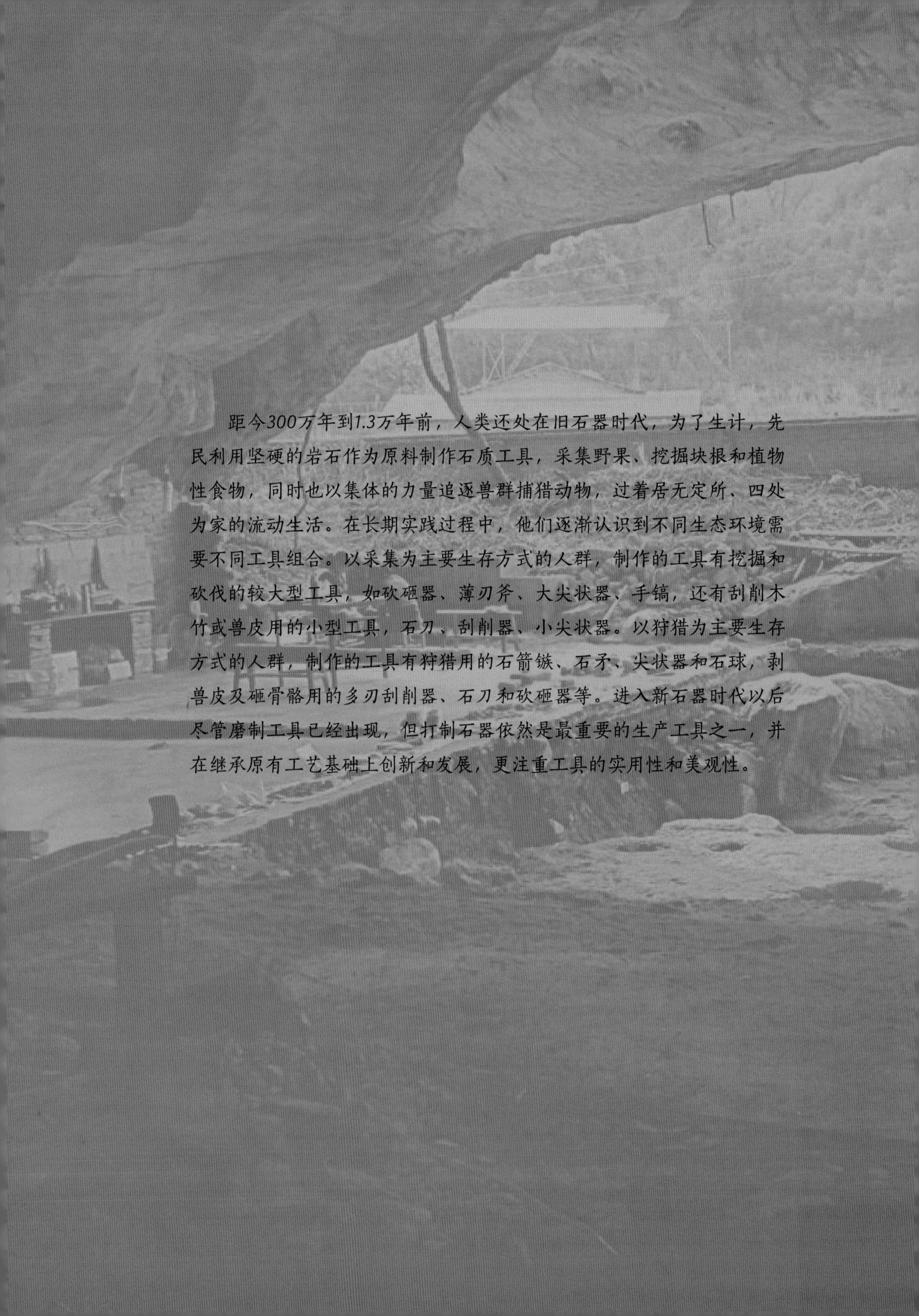

距今300万年到1.3万年前，人类还处在旧石器时代，为了生计，先民利用坚硬的岩石作为原料制作石质工具，采集野果、挖掘块根和植物性食物，同时也以集体的力量追逐兽群捕猎动物，过着居无定所、四处为家的流动生活。在长期实践过程中，他们逐渐认识到不同生态环境需要不同工具组合。以采集为主要生存方式的人群，制作的工具有挖掘和砍伐的较大型工具，如砍砸器、薄刃斧、大尖状器、手镐，还有刮削木竹或兽皮用的小型工具，石刀、刮削器、小尖状器。以狩猎为主要生存方式的人群，制作的工具有狩猎用的石箭镞、石矛、尖状器和石球，剥兽皮及砸骨骼用的多刃刮削器、石刀和砍砸器等。进入新石器时代以后尽管磨制工具已经出现，但打制石器依然是最重要的生产工具之一，并在继承原有工艺基础上创新和发展，更注重工具的实用性和美观性。

第二篇

打制石器

第一期

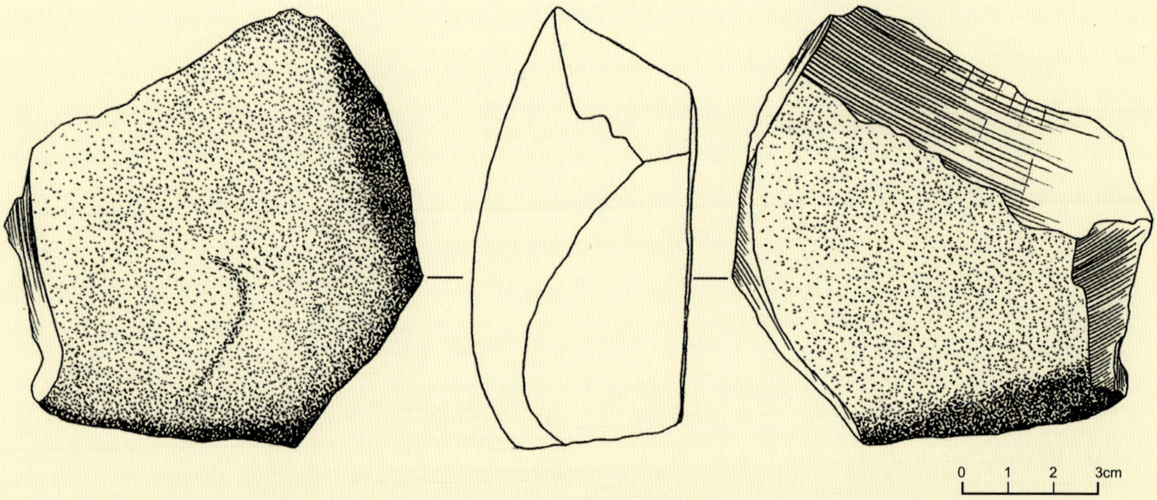

锤击单台面石核（2011ZQT2-16⑥c ： 39）

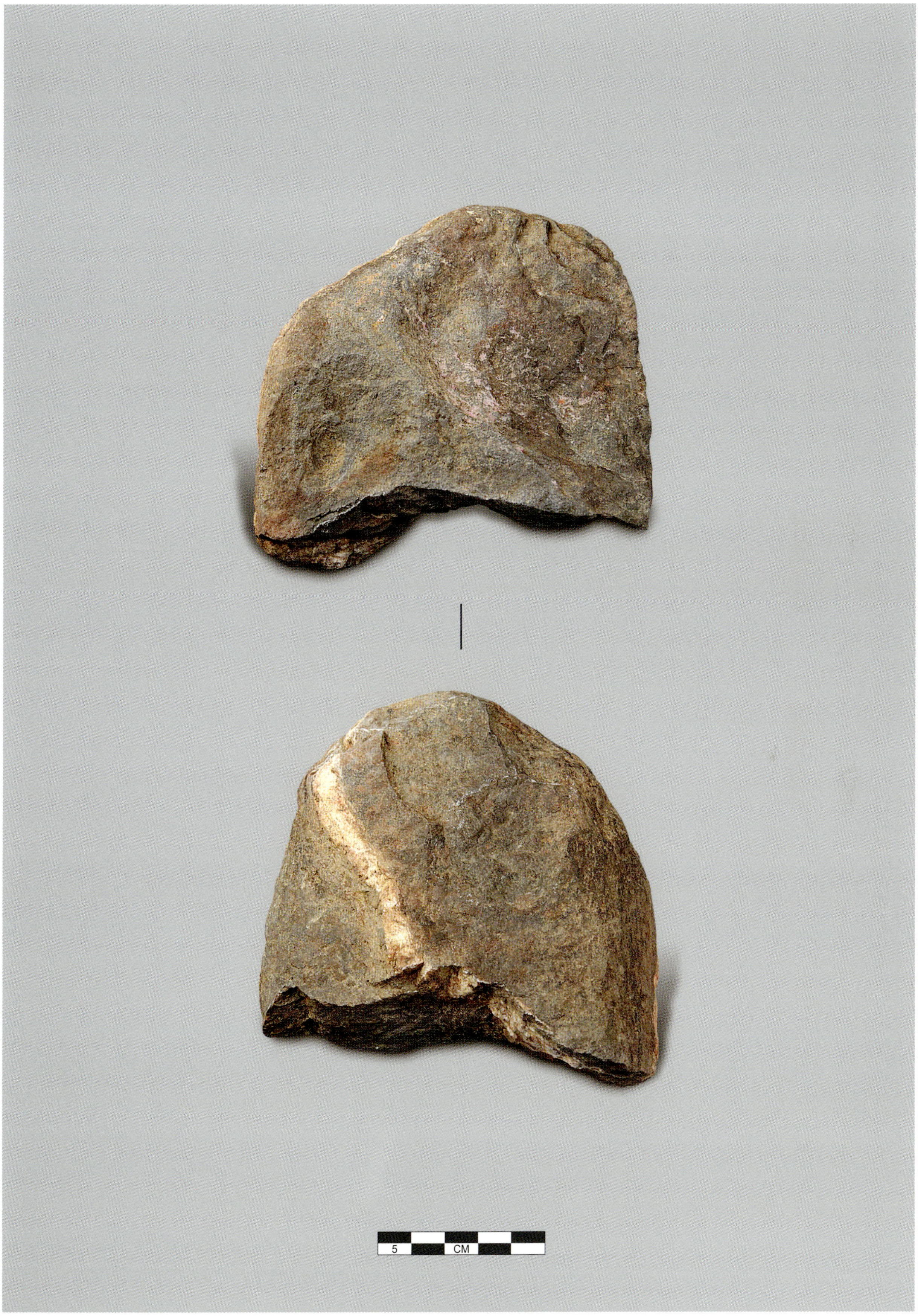

锤击双台面石核（2011ZQT2-12⑥a：3）

锤击石片（2011ZQT2-16 ⑥ b ： 8）

完整锤击石片（2011ZQT2-16⑥c ： 72，2011ZQT2-16⑥c ： 73）

完整锤击石片（2011ZQT2-23⑥a ： 19）

锤击右边断片（2011ZQT2-27⑥a：67）

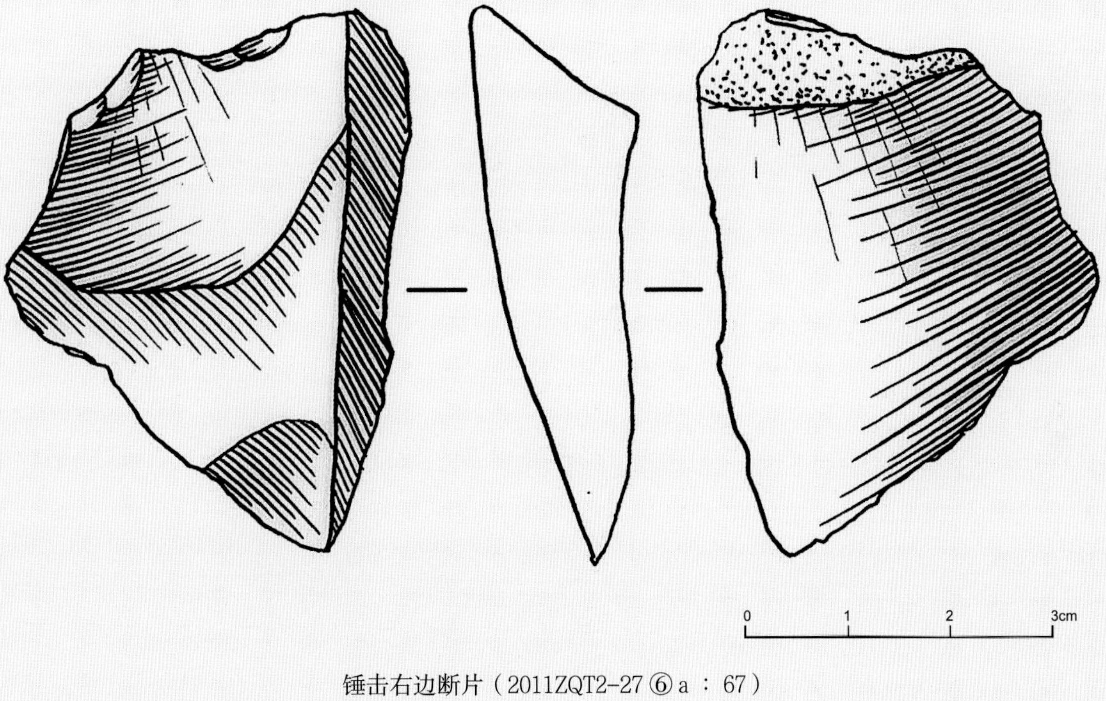

锤击右边断片（2011ZQT2-27⑥a ： 67）

单直刃刮削器（2011ZQT2-16⑥c ：12）

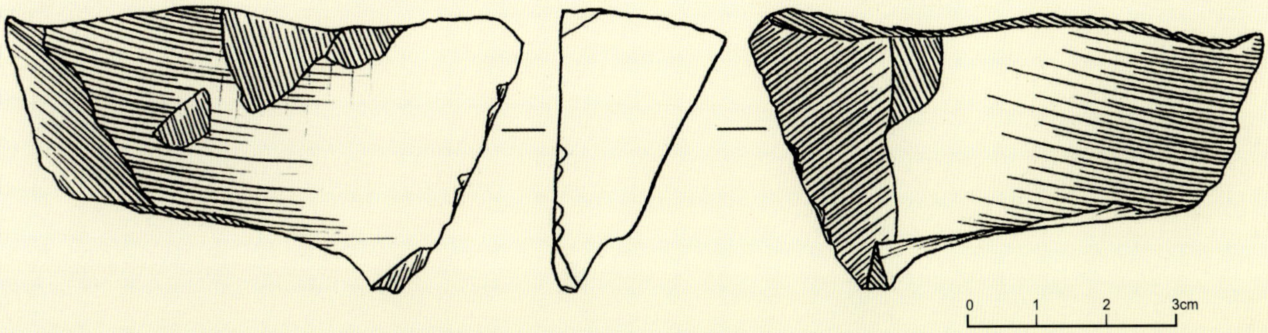

单直刃刮削器（2011ZQT2-15⑥b ： 54）

单凹刃刮削器（2011ZQT2-3⑥a：18）

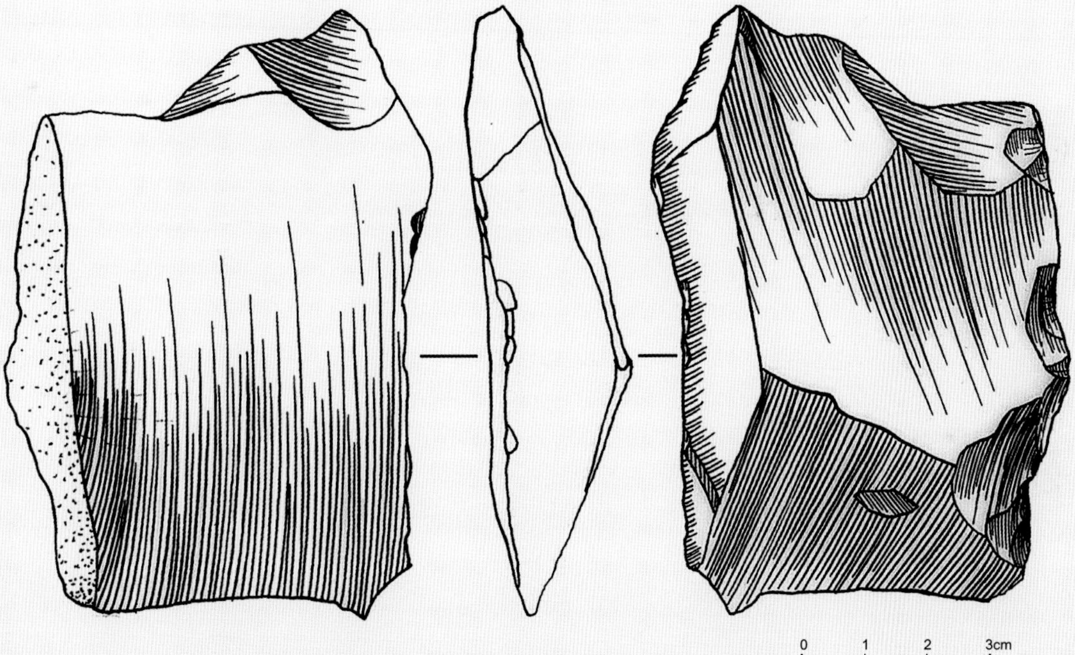

单凹刃刮削器（2011ZQT2-3⑥a：18）

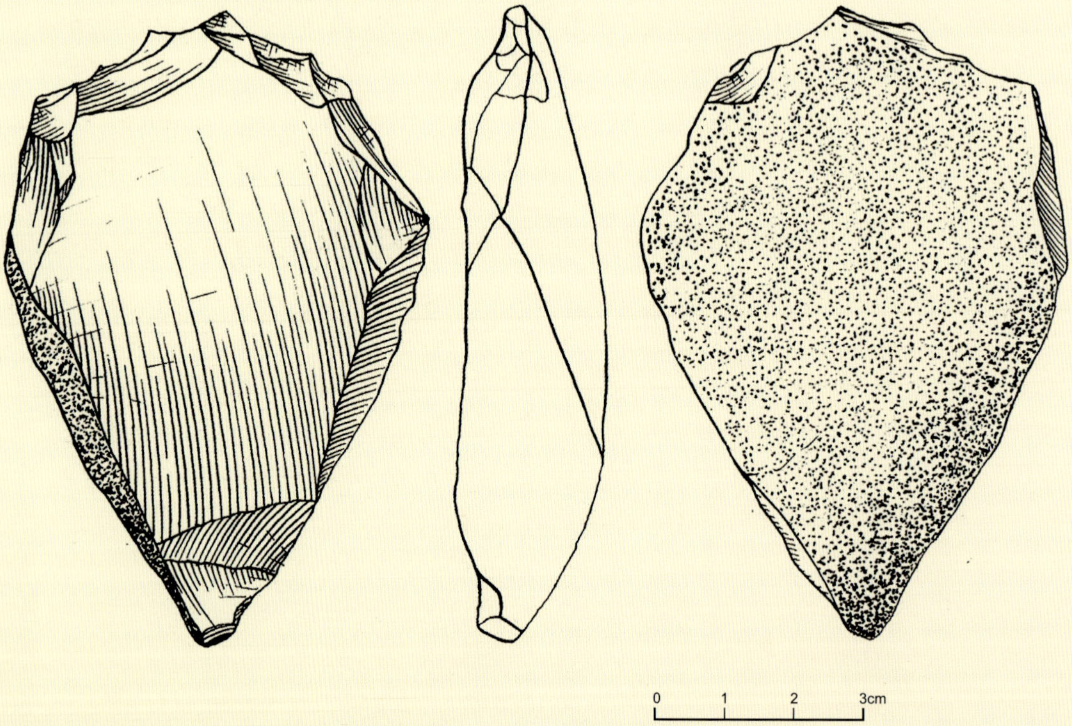

单凸刃刮削器（2011ZQT2-15⑥d：4）

雕刻器（2011ZQT2-28⑥a：21）

单尖刃刮削器（2011ZQT2-15⑥b：34）腹面

直凹刃刮削器（2011ZQT2-28⑥a：39）

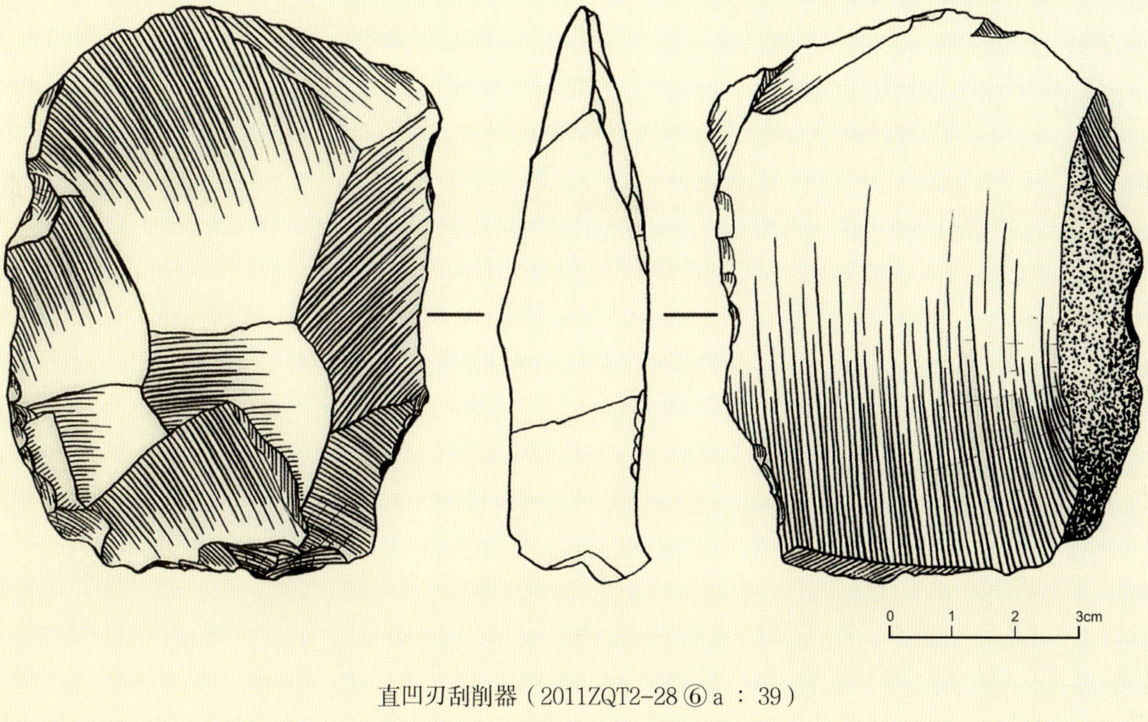

直凹刃刮削器（2011ZQT2-28⑥a：39）

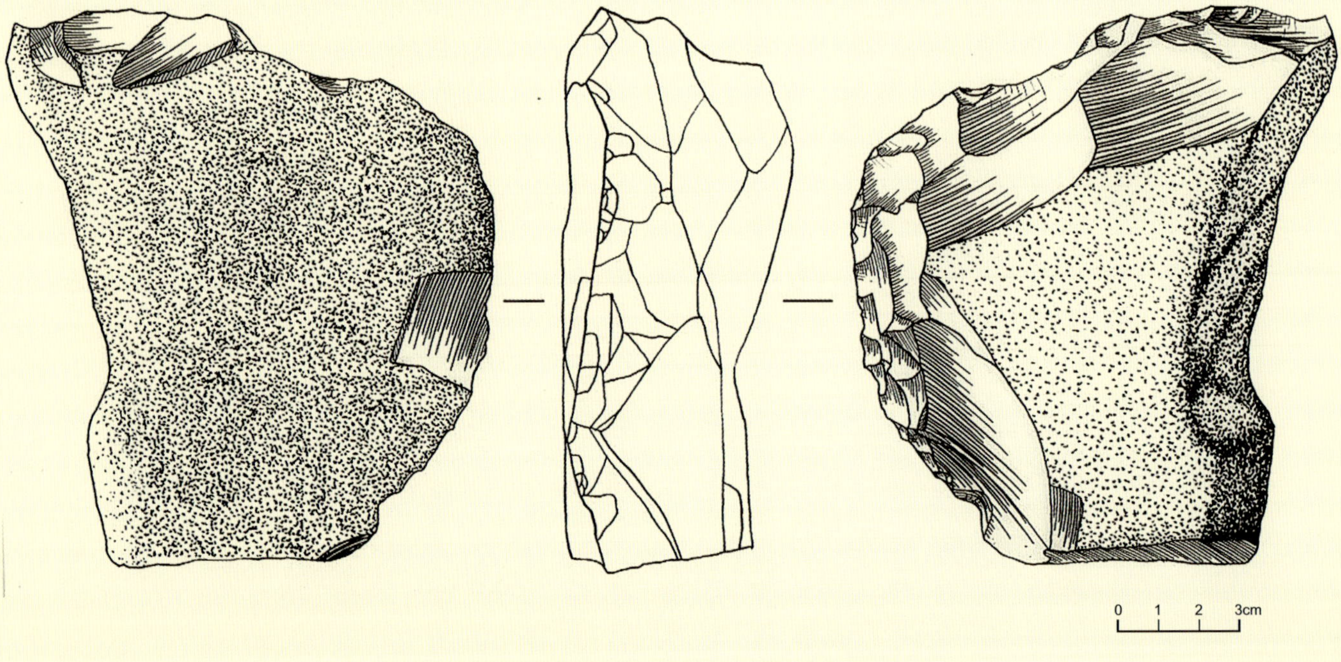

单凸刃砍砸器（2011ZQT2-10⑥a：1）

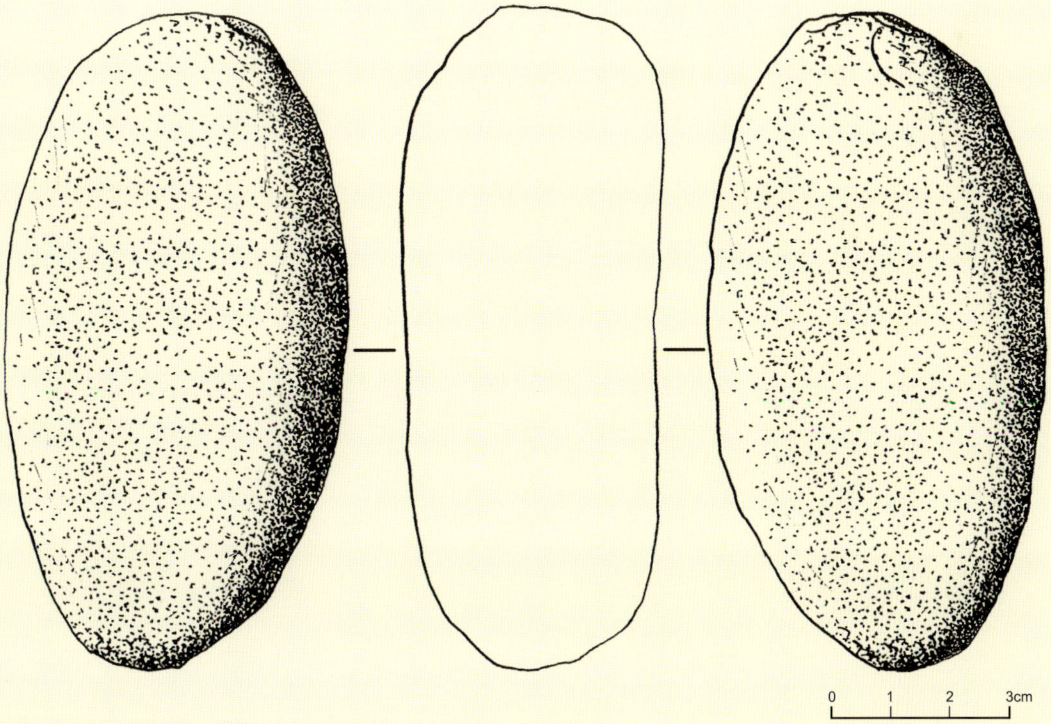

石锤（2011ZQT2-15⑥a：1）

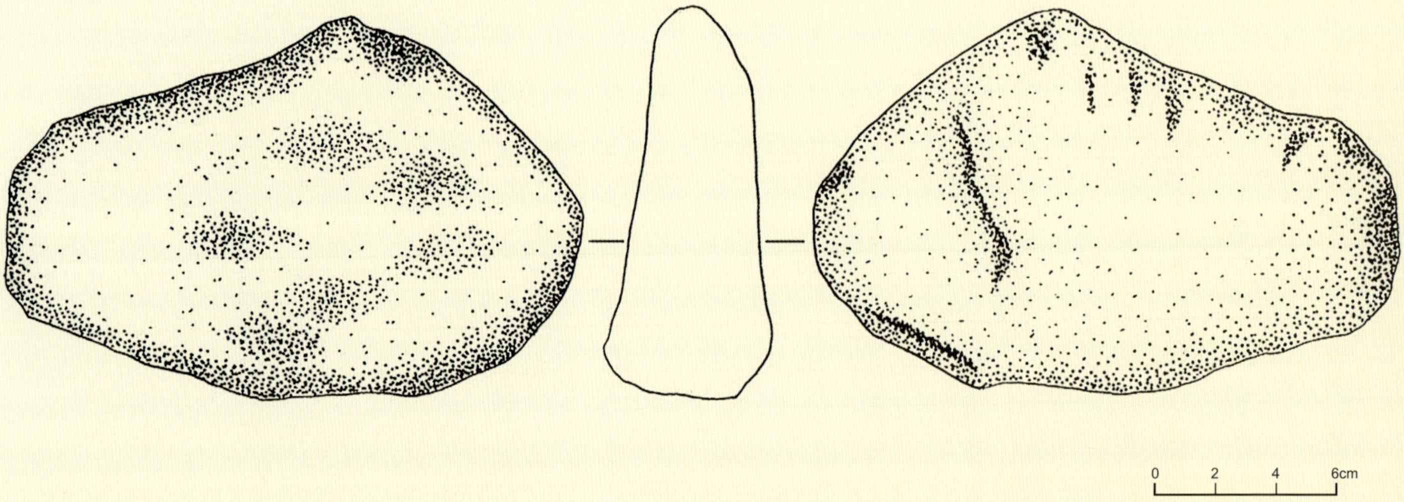

石砧（2011ZQT2-8⑥a：53）

第二期

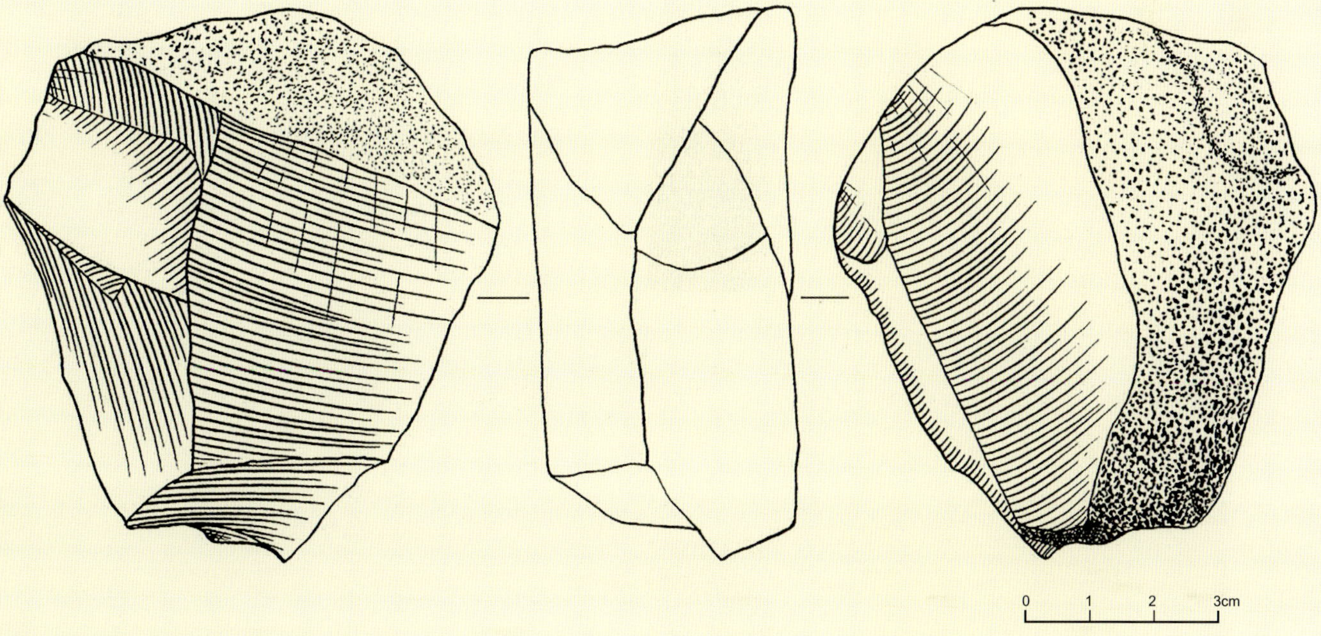

锤击双台面石核（2011ZQT2-15⑤：43）

锤击多台面石核（2011ZQT2-27⑤：10）

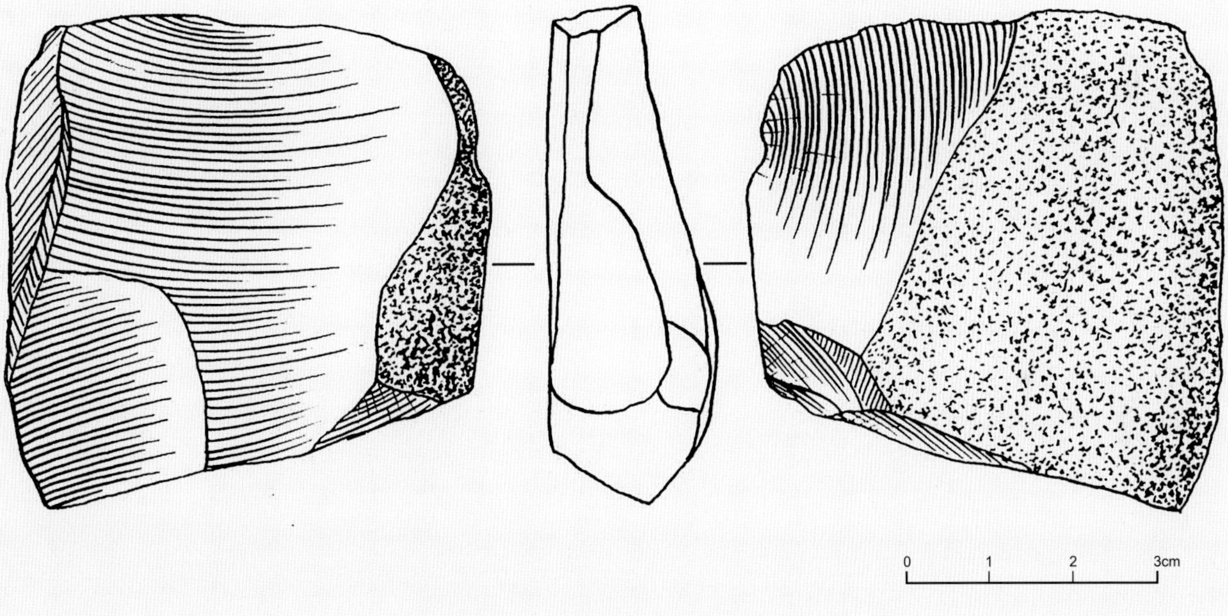

锤击多台面石核（2011ZQT2-27⑤：10）

完整锤击石片（2011ZQT2-8⑤：35）

完整锤击石片（2011ZQT2-15⑤：50）

完整锤击石片（2011ZQT5④：5）

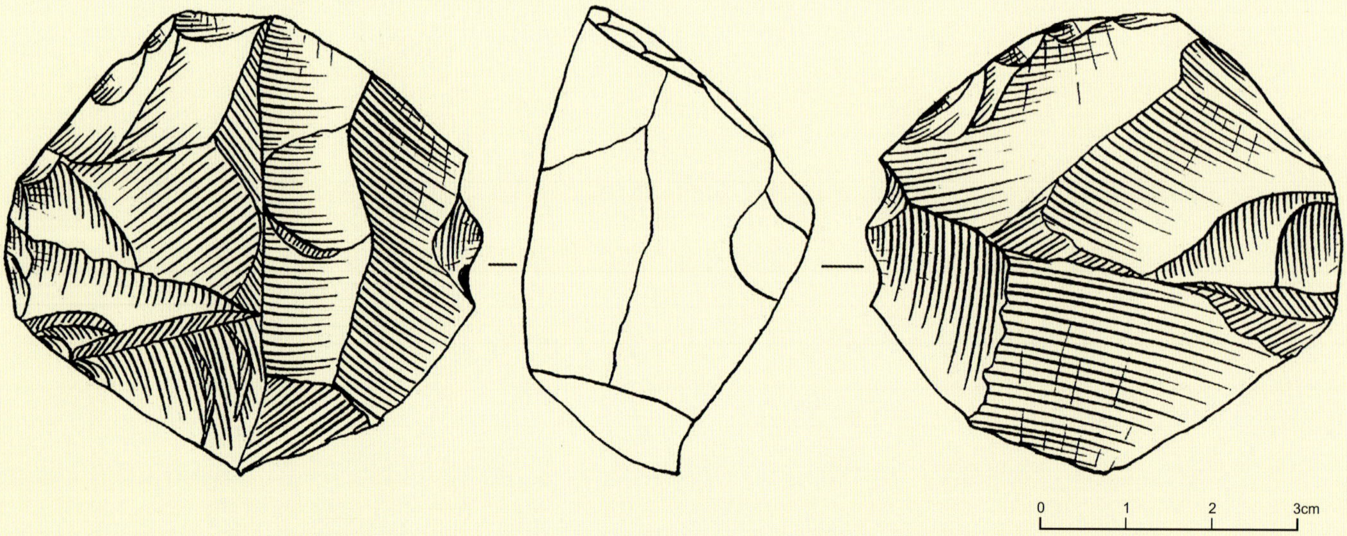

砸击石核（2011ZQT2-7⑤：16）

砸击石片（2011ZQT2-11⑤：5）

近端断片（2011ZQT2-15⑤：48）

单直刃刮削器（2011ZQT2-28⑤：10）

单凹刃刮削器（2011ZQT2-7⑤：9）

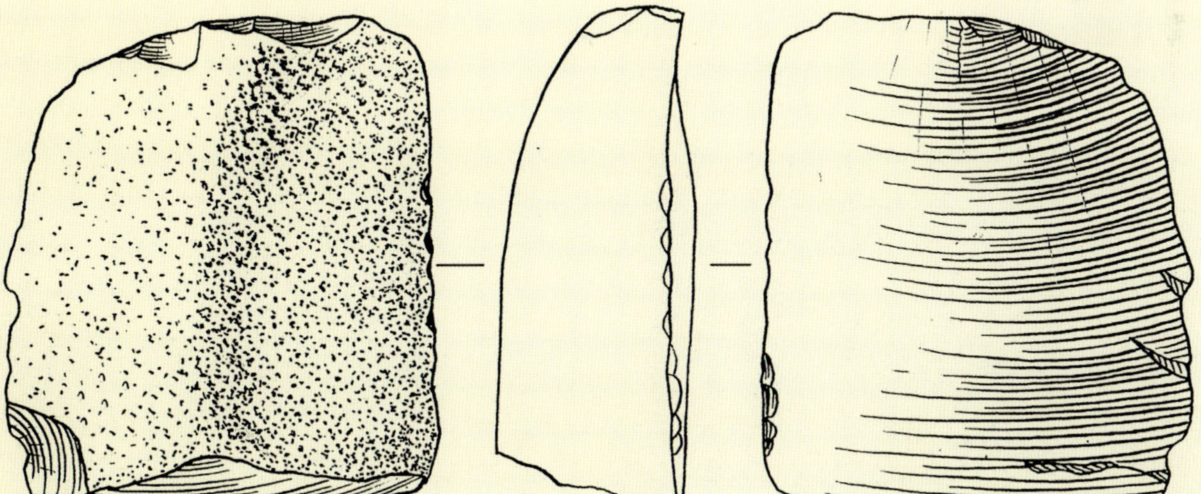

单直刃刮削器（2011ZQT2-16⑤：18）

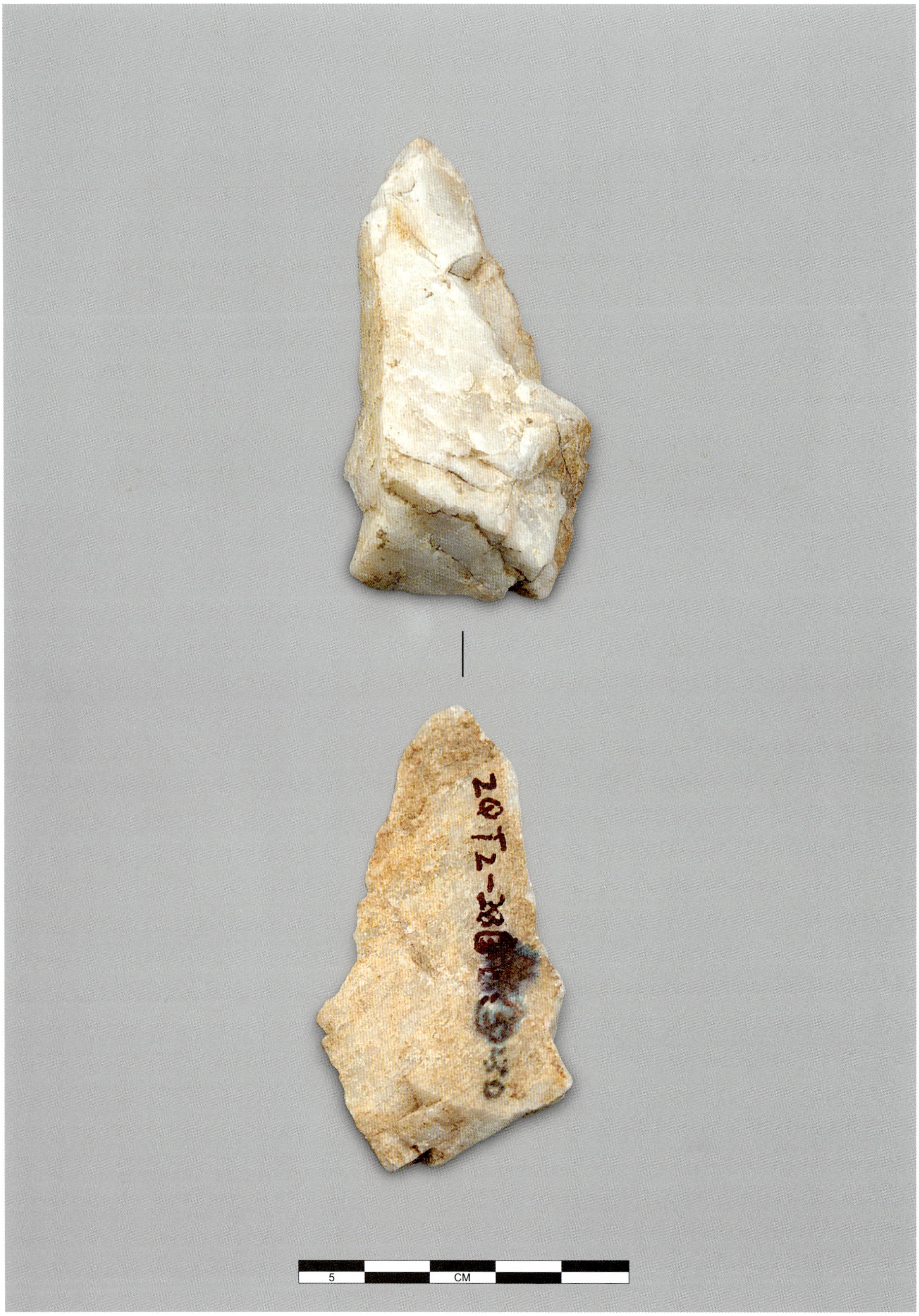

单尖刃刮削器（2011ZQT2-28⑤：30）

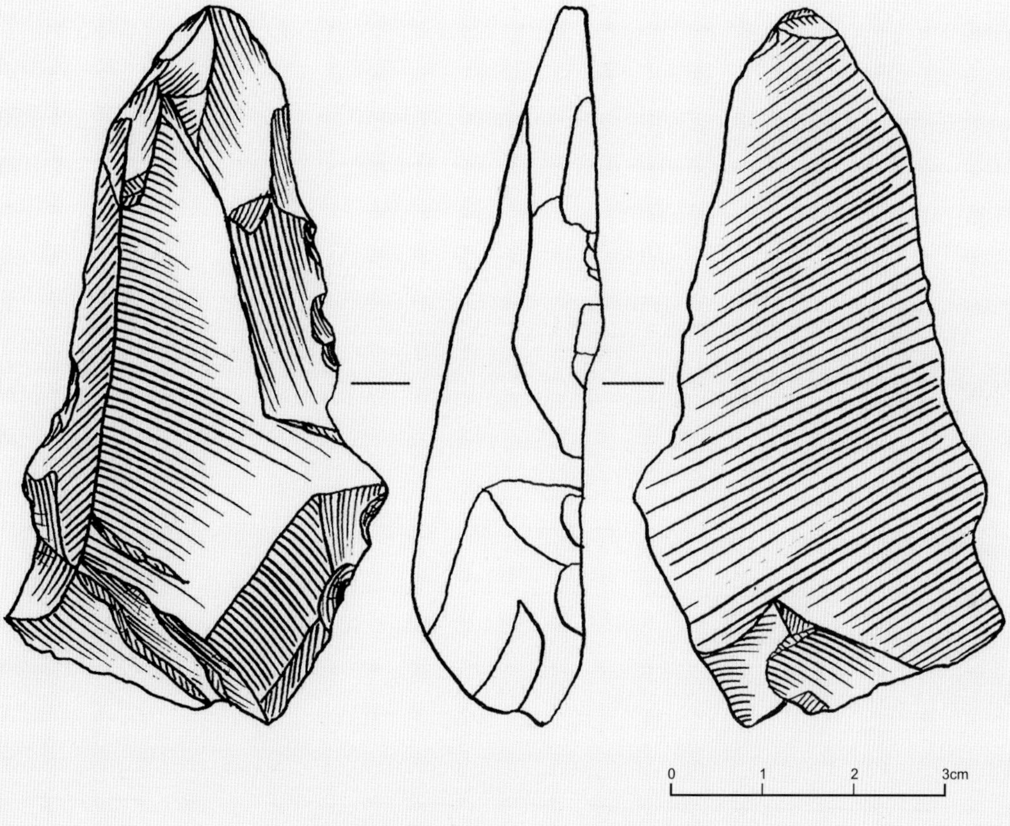

单尖刃刮削器（2011ZQT2-28⑤：30）

双刃砍砸器（2011ZQT2-24⑤：61）

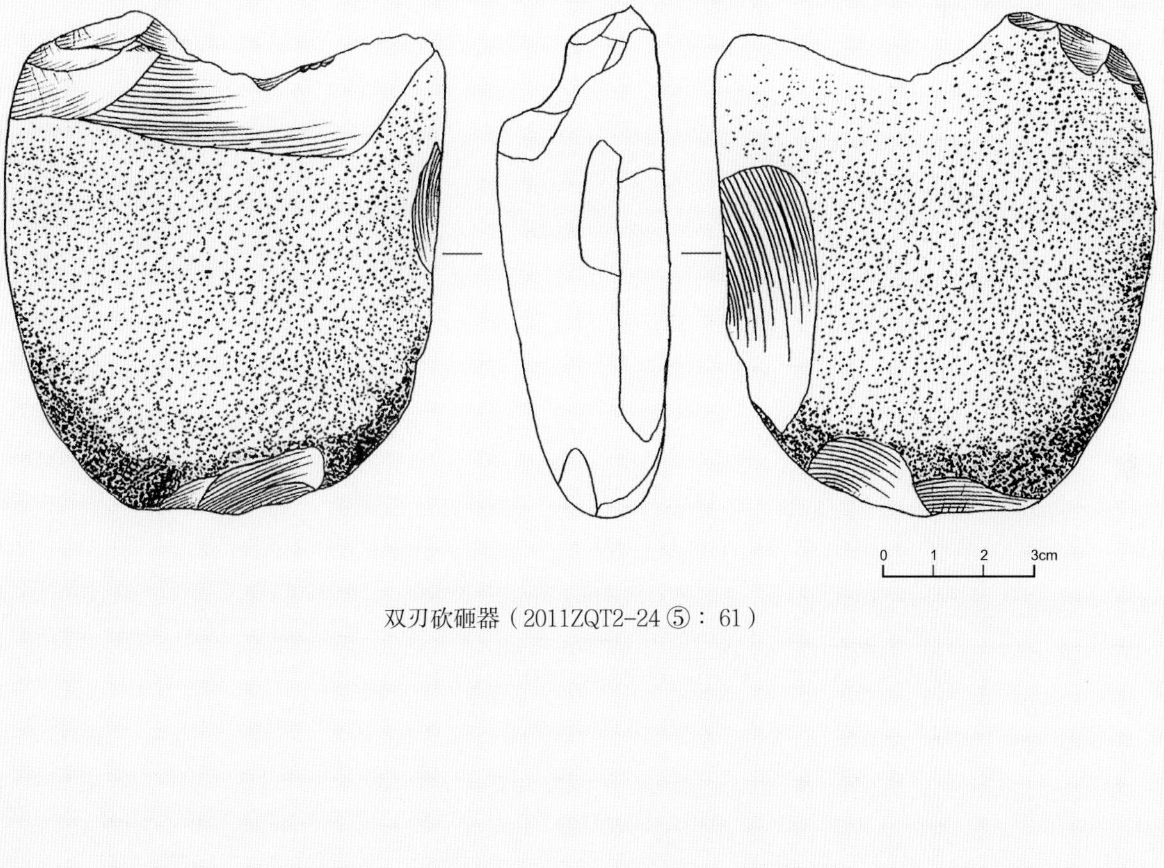

双刃砍砸器（2011ZQT2-24⑤：61）

石锤（2011ZQT2-28⑤：13）

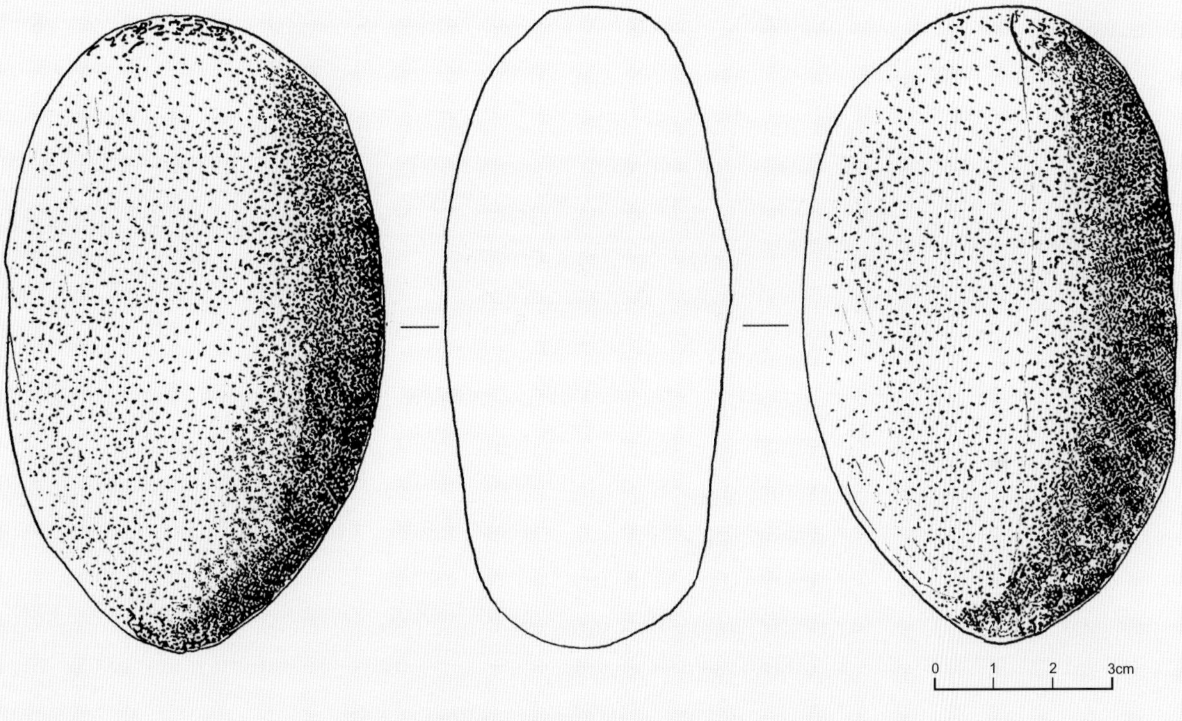

石锤（2011ZQT2-28⑤：13）

第三期

锤击多台面石核（2010ZQT2③b：134）

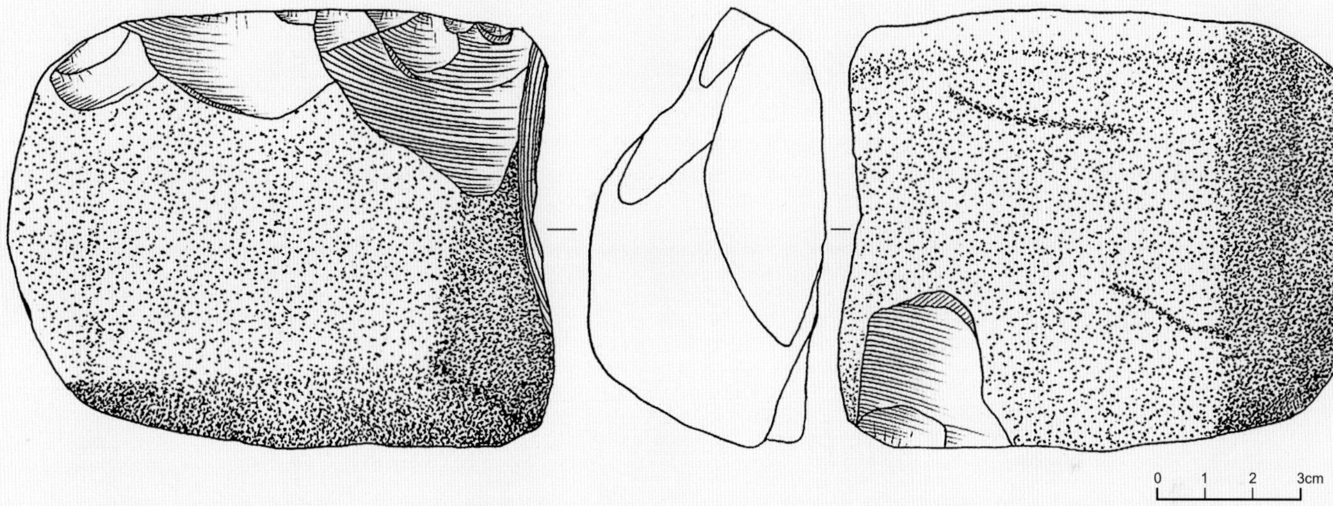

锤击多台面石核（2010ZQT2③b：134）

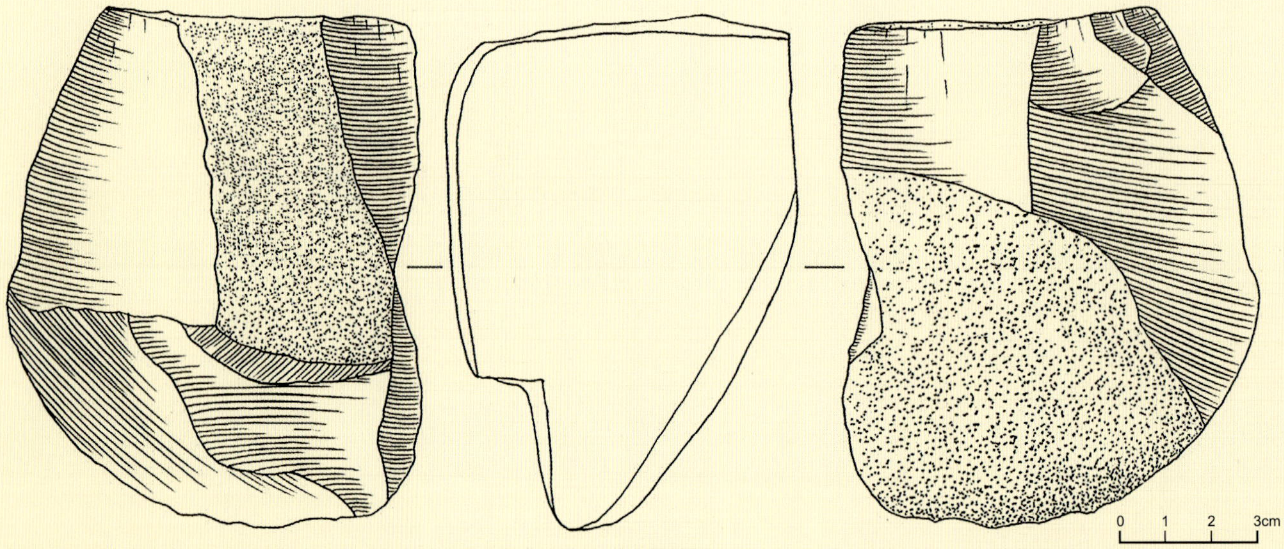

锤击单台面石核（2011ZQT2 扩③c ：55）

5
CM

完整锤击石片（2011ZQT2扩③c ： 220）

单直刃刮削器（2010ZQT2③a：9）

单凸刃刮削器（2011ZQT2 扩③c：9）

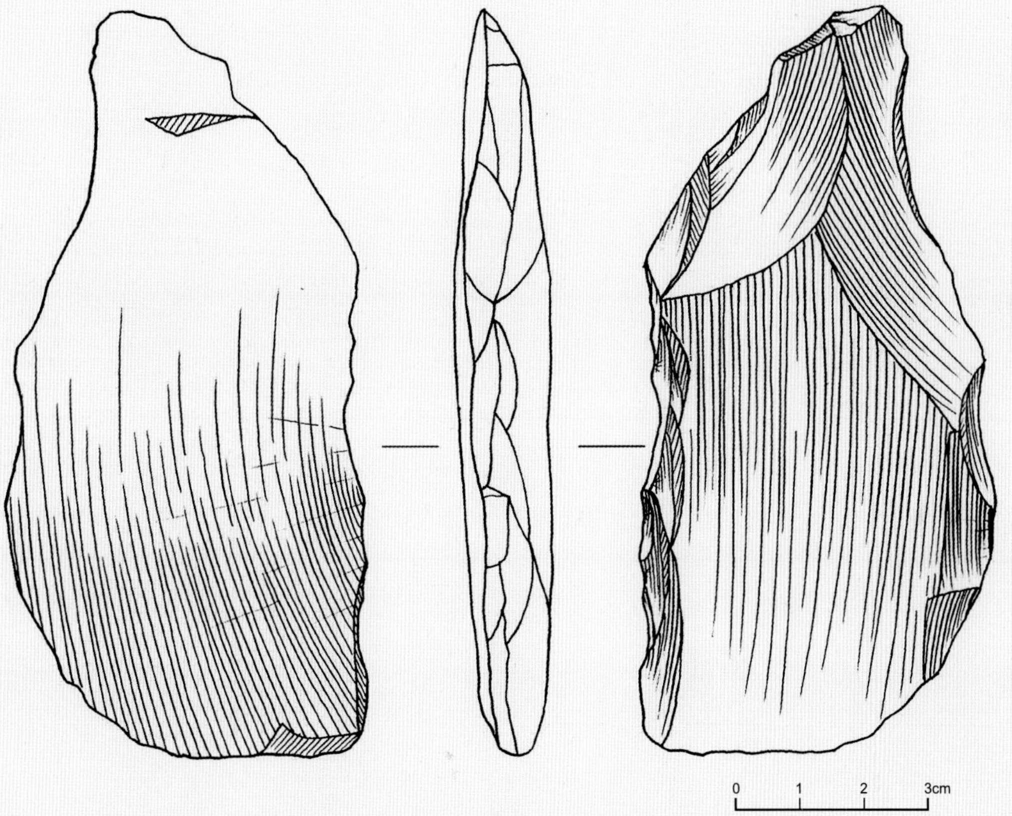

单凸刃刮削器（2011ZQT2扩③c：9）

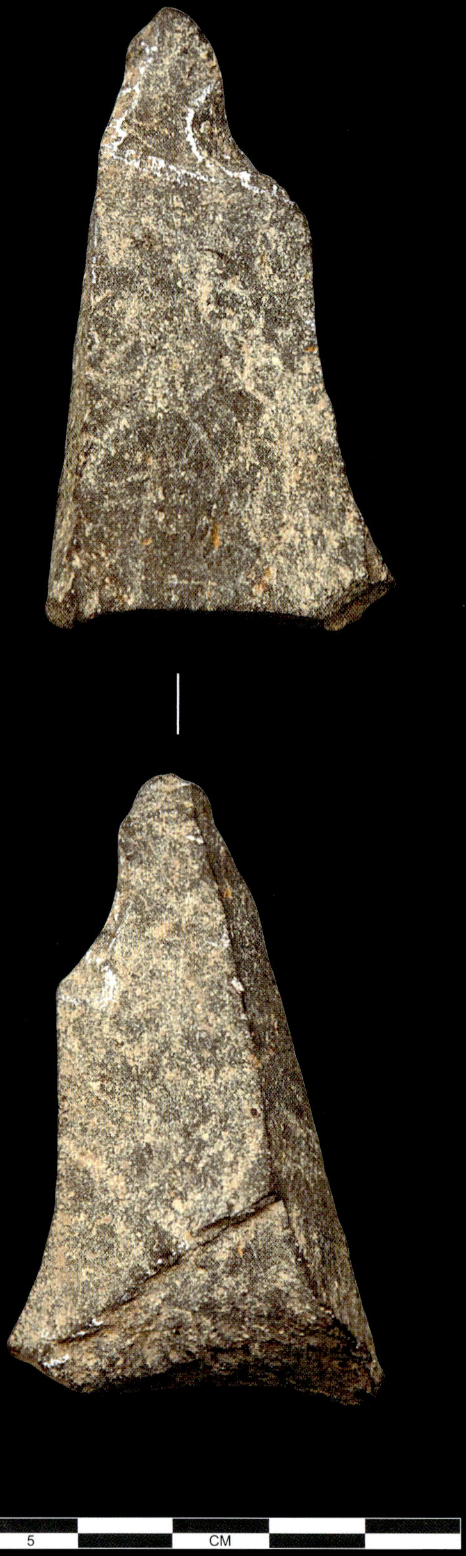

单尖刃刮削器（2010ZQT2扩③a ：205）

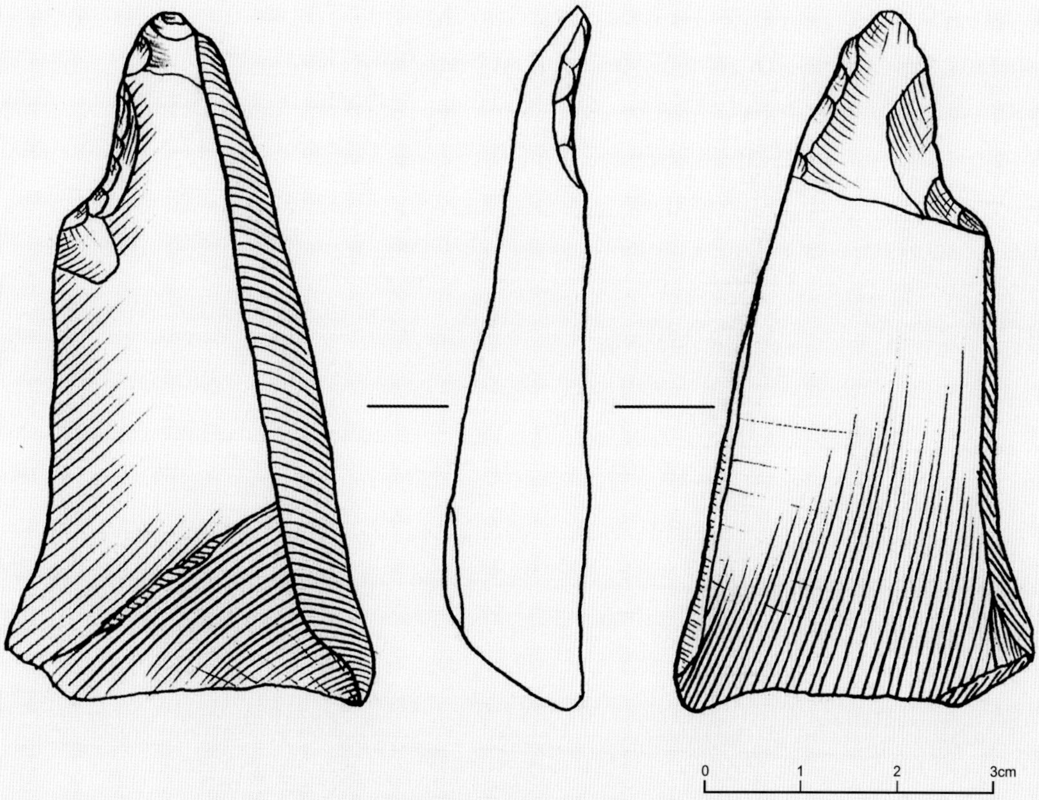

单尖刃刮削器（2010ZQT2扩③a：205）

单直刃刮削器（2010ZQT2③b ： 189）

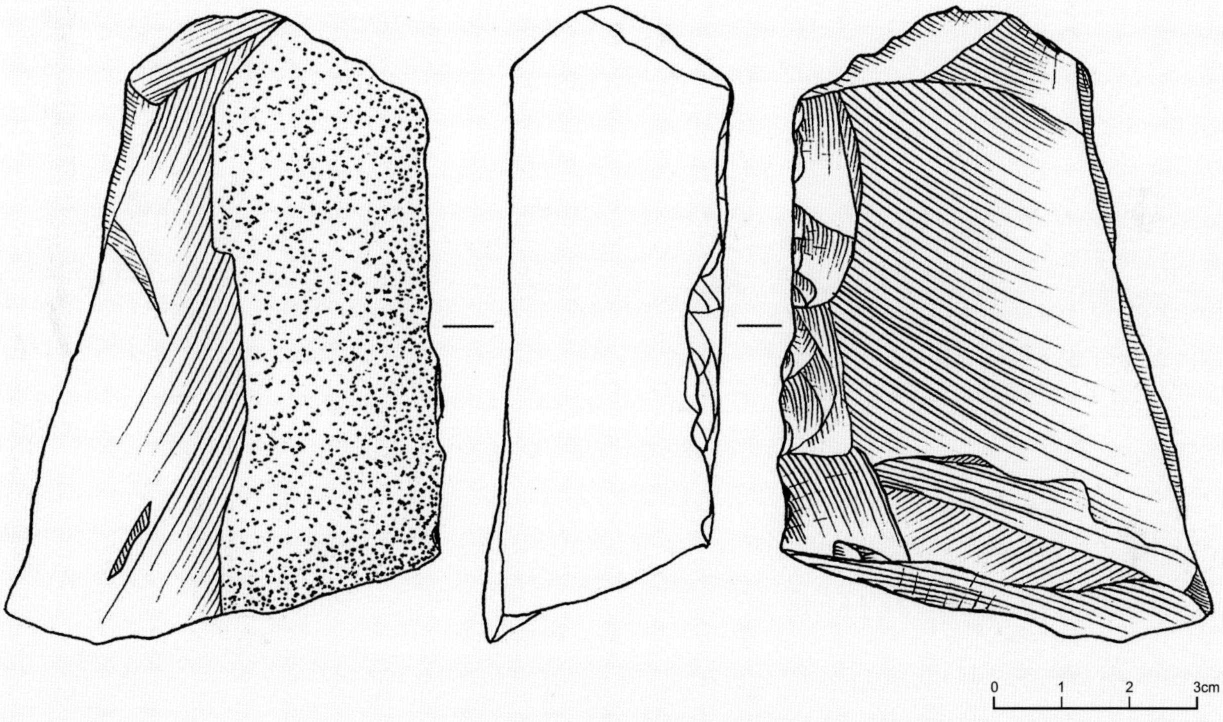

单直刃刮削器（2010ZQT2③b ：189）

单凸刃砍砸器（2009ZQT1 ③a ： 19）

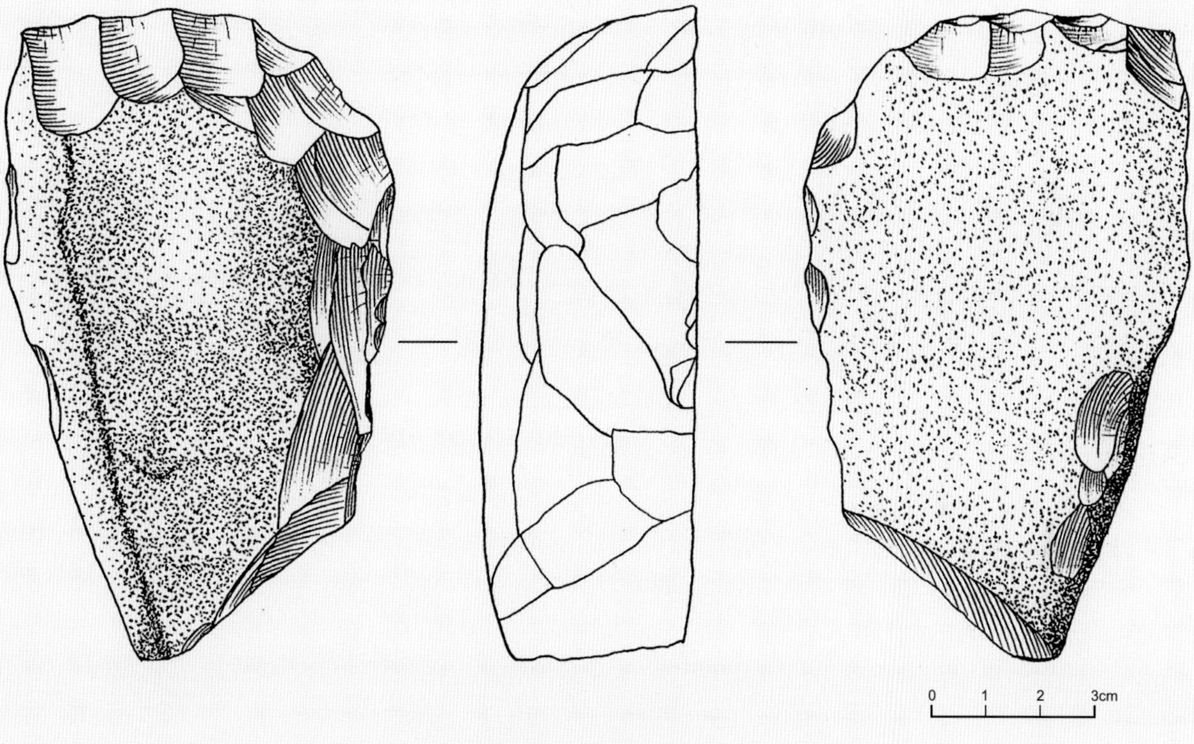

单凸刃砍砸器（2009ZQT1③a：19）

单凹刃砍砸器（2010ZQT2③b ：50）

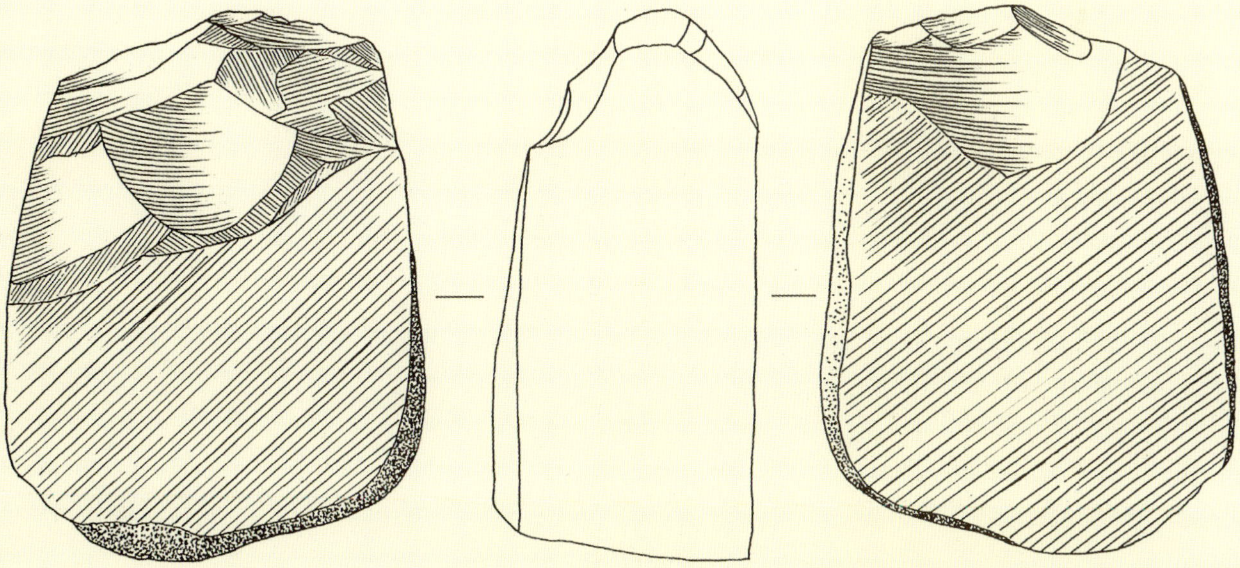

单凸刃砍砸器（2010ZQT2③b：22）

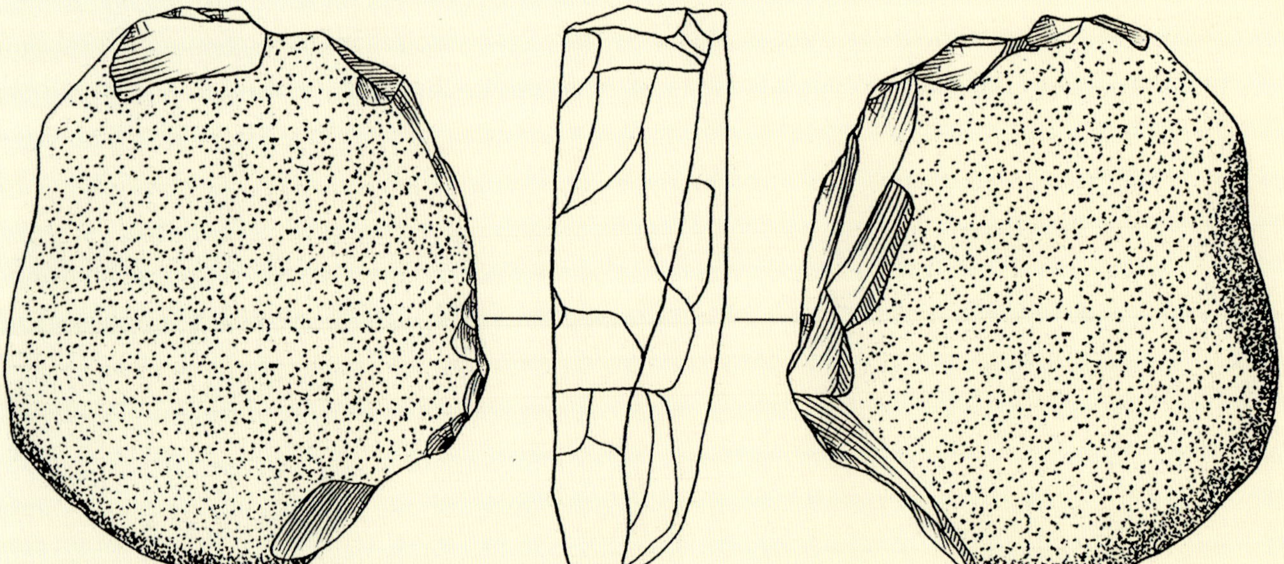

单凸刃砍砸器（2011ZQT2扩③c ： 73）

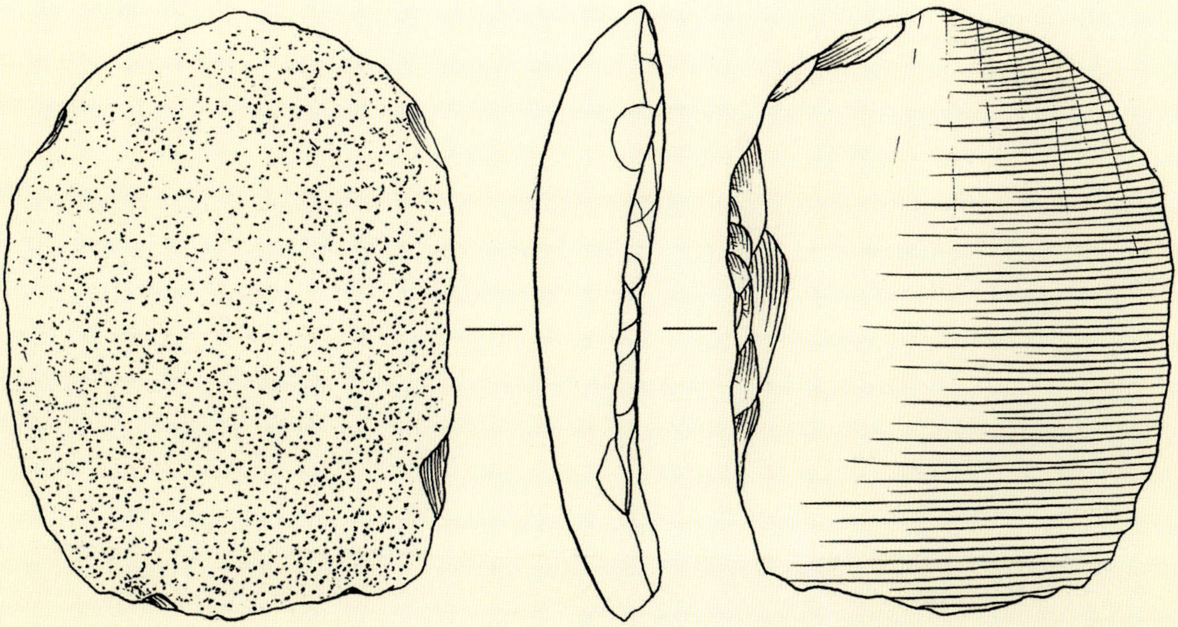

单直刃砍砸器（2010ZQT2③b：23）

单直刃砍砸器（2011ZQT2③c：180）

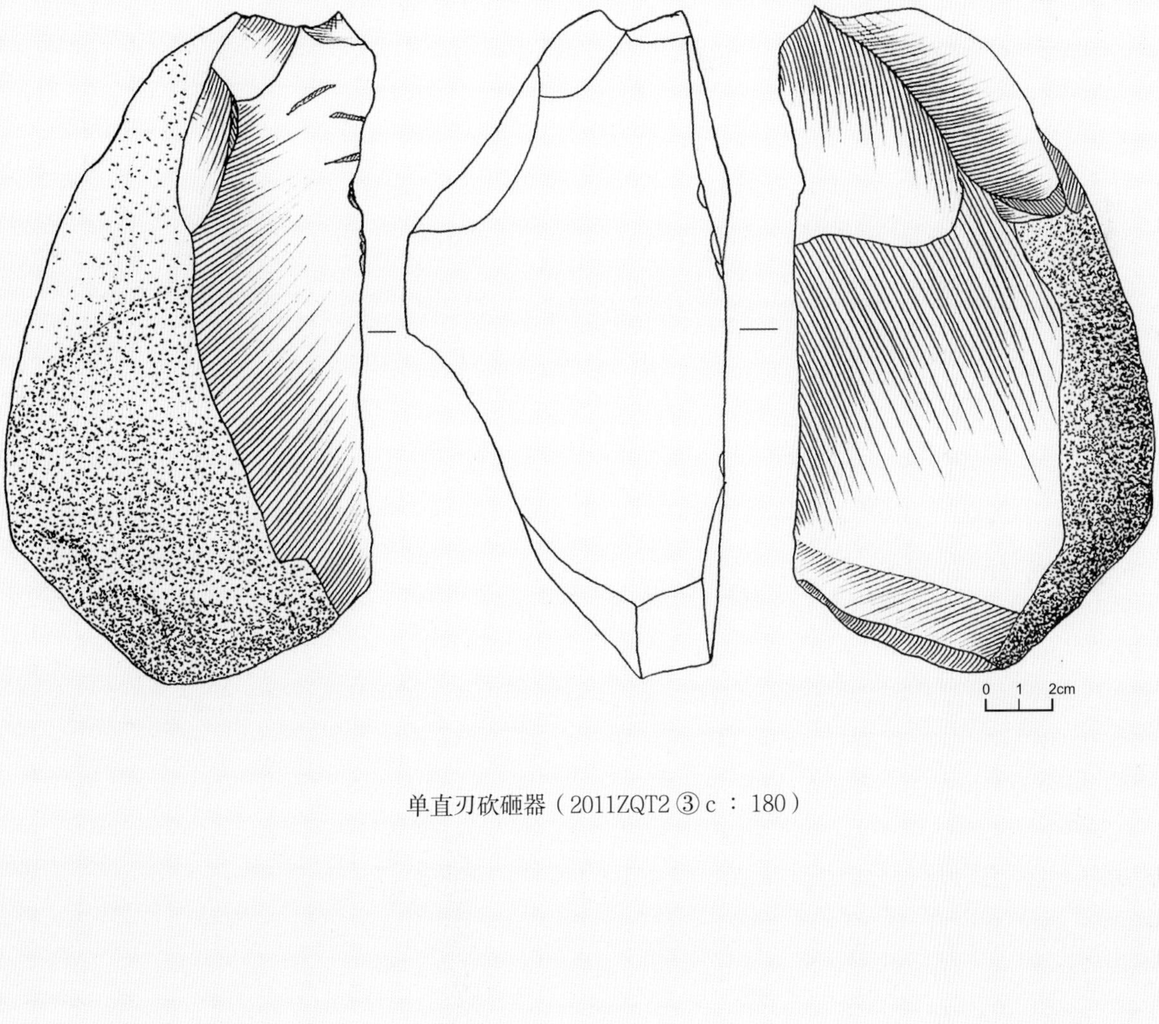

单直刃砍砸器（2011ZQT2③c：180）

双刃砍砸器（2011ZQT2 扩③c ：82）

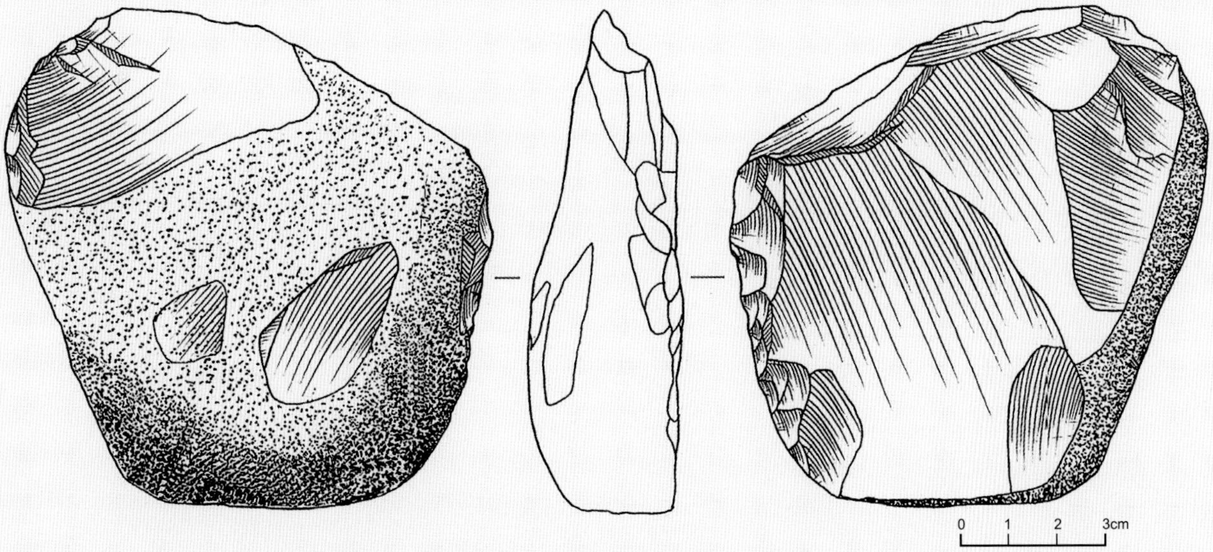

双刃砍砸器（2011ZQT2 扩③c ： 82）

石锤（2010ZQT2扩③a：162）

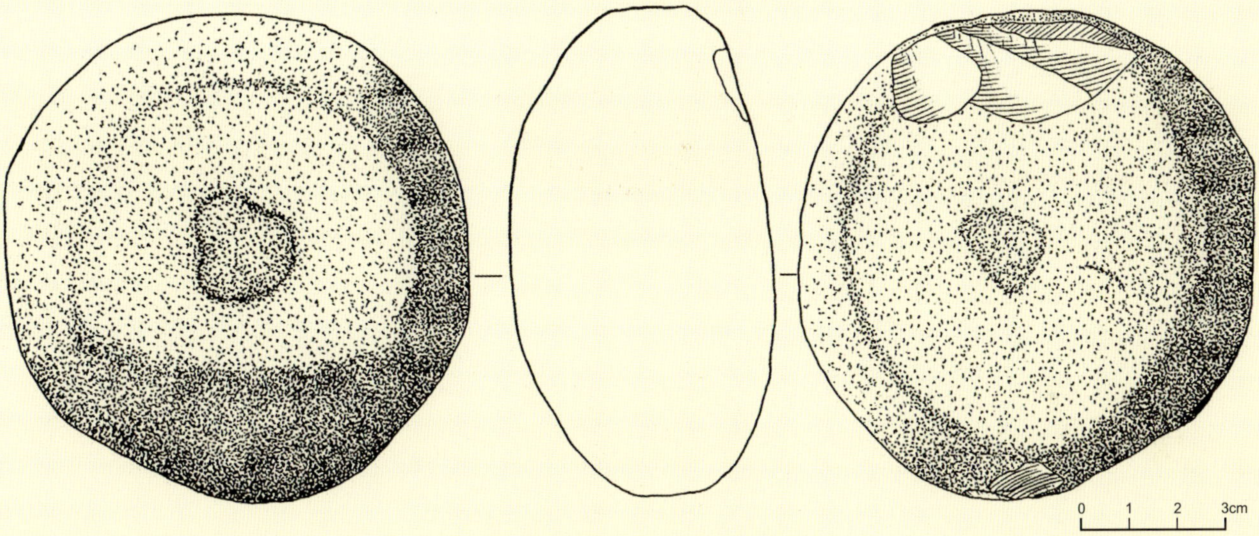

石锤（2010ZQT2扩③a：162）

石锤（2011ZQT2扩③c：89）

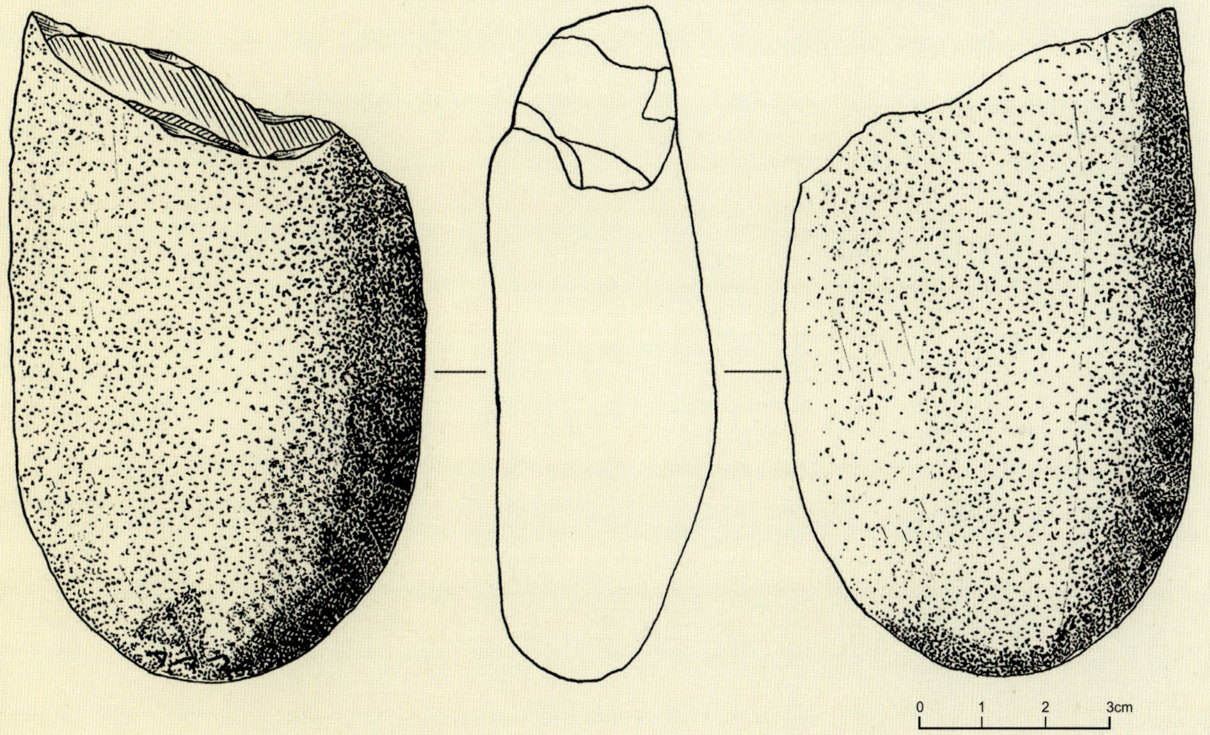

石锤（2011ZQT2扩③c ： 89）

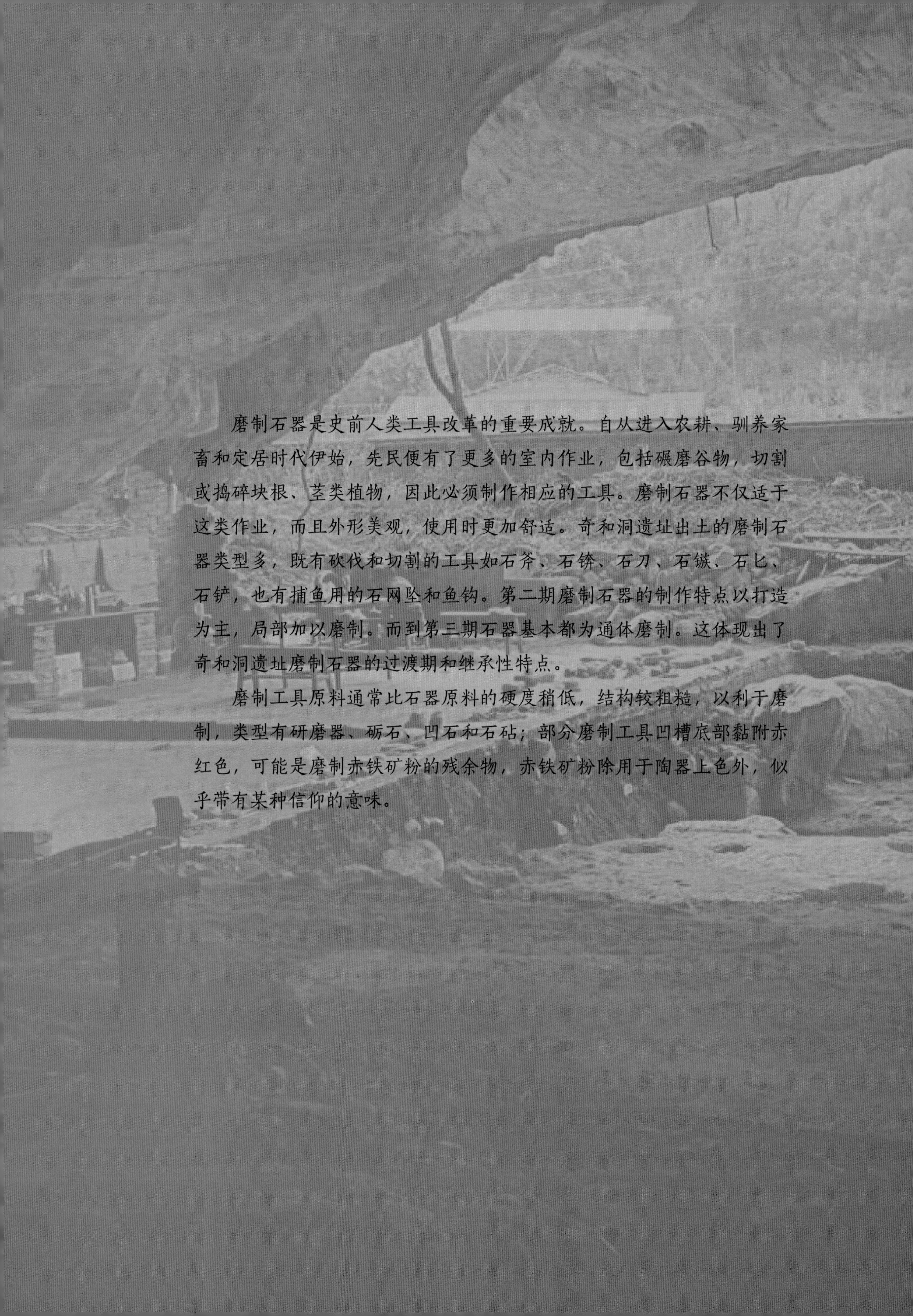

磨制石器是史前人类工具改革的重要成就。自从进入农耕、驯养家畜和定居时代伊始，先民便有了更多的室内作业，包括碾磨谷物，切割或捣碎块根、茎类植物，因此必须制作相应的工具。磨制石器不仅适于这类作业，而且外形美观，使用时更加舒适。奇和洞遗址出土的磨制石器类型多，既有砍伐和切割的工具如石斧、石锛、石刀、石镞、石匕、石铲，也有捕鱼用的石网坠和鱼钩。第二期磨制石器的制作特点以打造为主，局部加以磨制。而到第三期石器基本都为通体磨制。这体现出了奇和洞遗址磨制石器的过渡期和继承性特点。

磨制工具原料通常比石器原料的硬度稍低，结构较粗糙，以利于磨制，类型有研磨器、砺石、凹石和石砧；部分磨制工具凹槽底部黏附赤红色，可能是磨制赤铁矿粉的残余物，赤铁矿粉除用于陶器上色外，似乎带有某种信仰的意味。

第三篇 磨制石器

第二期

石锛（2011ZQT2-16⑤：11）

石锛（2011ZQT2-16⑤：11）

石锛（2011ZQT2-16⑤：13）

砺石（2011ZQT2-32⑤：4）

第三期

石锛（2009ZQ T1 ③a ： 381）

石锛（2009ZQG1 ： 1）

石锛（2009ZQT2②b：13）

石锛（2009ZQT2③a：1）

石锛（2009ZQT2③b：4）

石锛（2011ZQT2-12③c：1）

石锛（2011ZQT2-24F2 ：5）

石锛（2011ZQT2扩③b：34）

5
CM

石锛坯件（2011ZQT2 扩③c ：71）

石斧（2009ZQT1③b：4）

石斧（2009ZQT2③b：3）

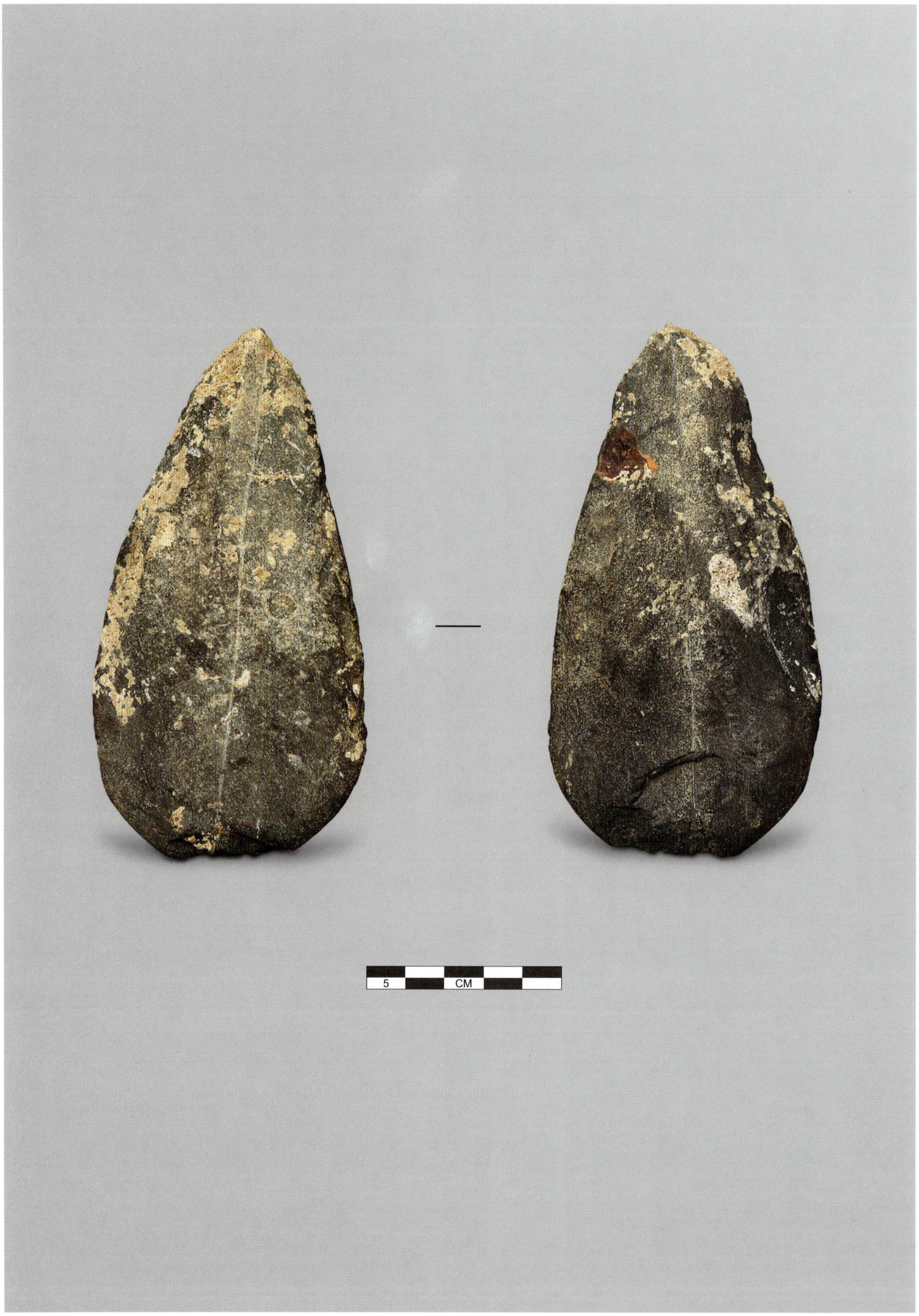

石斧（2010ZQT2扩③a：1）

石斧（2010ZQT2扩③a：3）

石斧（2011ZQT2-12③b：1）

石斧（2011ZQT2扩③b：38）

石铲（2009ZQT1③a：10）

石匕（2010ZQT2扩③a：33）

石匕（2010ZQT1③a：171）

石刀（2010ZQT2扩③b：12）

石凿（2011ZQT2③b：11）

砺石（2009ZQT1 ③ a ： 383）

砺石（2010ZQT2扩③a：164）

砺石（2011ZQT2扩③c：59）

石砧（2011ZQT2扩③b：53）

石砧（2011ZQT2③a：154）

凹石（2010ZQT2③b：201）

研磨器（2011ZQT2扩③c：68）

研磨器（2009ZQT2③a：12）

陶器的出现是人类文明步入新石器时代的重要标志之一，那时先民已经定居、农耕和驯养家畜，一改以前完全依靠大自然的恩赐，以自身的劳动创造新的食物财富。为了饮食，需要多种陶器，包括烹调用的罐、釜、盆，盛水和饮食用的钵和碗等。早期陶器质地以夹砂陶为主，多灰色，表面纹饰多刻划、戳点、锯齿纹；随着时间的推移，陶器逐渐出现新变化，不仅纹饰种类增多，而且堆饰、施衣等新装饰手法的使用，让陶器纹饰更趋精美和复杂。刻划、戳印、锯齿纹渐渐退出历史舞台后，绳纹与刻划的方格纹、网格纹成为主流；施衣、堆饰波浪纹的出现说明先民审美观念发生新了变化。

奇和洞遗址出土的陶器在制作上以手制为主，采用泥条盘筑法，口沿和器身单独制成后拼接，泥条重叠位置和口沿连接处都经细泥抹光并通过按压、刻划、加筑泥条等方法加固，器身内壁留有各种形状的衬物痕迹和指窝，口沿经过慢轮修整，多规整。奇和洞遗址陶器从早到晚风格一脉相承，显示出文化发展的延续性和继承性。

第四篇

陶器

第二期

陶盆口沿（内、外）（2011ZQT2-15⑤：16）

陶盆口沿（2011ZQT2-6⑤：24）

陶盆口沿（2011ZQT2-11⑤：28）

陶盆口沿（2011ZQT2-24⑤：3）

刻划纹陶片（2011ZQT2-15⑤：38）

刻划纹陶片（2011ZQT2-28⑤：19）

第三期

陶罐残片（2009ZQT1③a：55）

陶罐残片（2009ZQT1③a：57）

陶罐口沿（2009ZQT1 ③ a ： 62）

陶罐口沿（2009ZQT1 ③ a ： 232）

陶罐口沿（2010ZQT2 扩③ a ： 215）

陶罐口沿（2010ZQT2 扩③ a ： 216）

陶罐口沿（2010ZQT2 扩③ c ： 245）

陶罐口沿（2011ZQT2-24F2 ： 2）

陶罐口沿（2009ZQT1 ③ b ： 115）

陶罐口沿（2011ZQT2-28F2 ： 7）

陶釜口沿（2010ZQT2 扩③ a ： 229）

陶釜口沿（2010ZQT2 扩③ a ： 231）

陶釜口沿（2010ZQT2扩③a：261）

陶釜口沿（2010ZQT2扩③a：233）

陶釜口沿（2010ZQT2扩③a：236）

陶钵口沿（2009ZQT1③a：7）

陶钵口沿（2009ZQT1③a：63）

陶钵口沿（2011ZQT2-24F2 ：13）

陶钵口沿（2010ZQT2 扩③a ：241）

陶钵口沿（2009ZQT1③b：35）

陶钵口沿（2011ZQT2-31F2：1）

奇和洞遗址出土陶片纹饰拓片

1. 指四压印纹 2、3、6、13、15. 细绳纹 4. 口部锯齿状压印纹 5. 指甲压印纹与贝齿印纹组合纹饰 7、14 戳点纹 8. 粗绳纹 9、16. 贝齿压印纹 10、19 交错刻划纹 11. 刻划纹 17. 交错绳纹 18. 栅篱纹

绳纹（2009ZQT1 ③ a ： 49）

拍印纹（2009ZQT1 ③ a ： 50）

交错绳纹（2009ZQT1 ③ a ： 59）

刻划曲折纹（2009ZQT1 ③ a ： 62）

交错拍印绳纹（2009ZQT1③a：53）

拍印方格纹（2010ZQT2扩③a）

附加堆纹（2009ZQT1 ③ a ：429）

刻划粗方格纹（2009ZQT1 ③ b ：26）

拍印粗方格纹（2009ZQT1③a：66）

戳印加锯齿纹（2011ZQT2-16③c：2）

加筑泥片陶（2009ZQT1 ③ a ： 442）

烧黑陶片（2011ZQT1 ③ a）

镂孔陶片（2011ZQT2-23F2 ： 9）

镂孔陶片（2010ZQT2扩③c：37）

施红衣陶（2011ZQT2③b：259）

陶片（2010ZQT2 扩③ a）

陶器平底器（2010ZQT2 扩③ a ： 243）

戳点与压印锯齿组合陶片（2010ZQT2 扩③ c ： 248）

自旧石器时代晚期起，磨制骨器就已问世，它象征着人类社会在工具改革中的重大进步。由于磨制骨器的特殊功能，先民能够在适应环境和开发利用自然资源上得到更多益处。制作骨器的原料通常采用哺乳动物的骨骼、牙齿和角，经过了精心挑选坯料，并和进行特殊加工而成。奇和洞遗址出土的骨器类型多，做工精细，有钓鱼用的鱼钩，缝制衣物用的骨锥和骨针；撮物用的骨铲，切割用的骨匕和骨刀，狩猎用的骨镞和尖刃器，修饰发髻用的骨簪等。制作骨器的工序比较复杂，首先坯件的选择是制作骨器的基础，通常是需要根据所要制作的工具，先挑选出不同骨壁厚度的骨骼，经过砍、劈骨骼后从中挑选适宜的骨片再经过截形和粗修理，最后磨制成型，有的骨器表面还经过装饰等几道工序。制作较大物件，如骨铲、骨棒、骨锥和标枪头，就要选择体型较大的动物骨骼；制作骨针、骨匕、骨刀之类的物件，则选用体型较小的动物骨骼或是鸟禽类骨骼。

奇和洞遗址出土的骨器表明当时已经有了比较成熟的磨制工艺，这种工艺要比制作石质工具耗费更多的时间，并需要更高的技能。第三期文化的骨器量多质佳，表明制作工艺已经达到相当高的水准，尤其鱼钩、骨镞和骨簪，实乃不可多得的精品。

第五篇 骨器

第一期

骨针坯件（2011ZQT2-8⑥d ： 20）

骨针坯件（2011ZQT2-8⑥d ： 21）

骨刀坯件（2011ZQT2-23⑥d：24）

第二期

骨针（2011ZQT2-24⑤：1）

骨锥（2011ZQT2-24⑤：25）

尖刃器（2011ZQT2-12⑤：21）

骨锥坯件（2011ZQT2-32⑤：2）

第三期

骨针（2009ZQT1③a：24）

骨锥（2009ZQT1③a：1）

骨镞（2010ZQT1 ③ a ： 172）

钻孔牙饰（2009ZQT1 ③ a ： 400）

尖刃器（2009ZQ T1 ③ b ： 21）

尖刃器（2009ZQT1 ③ a ： 17）

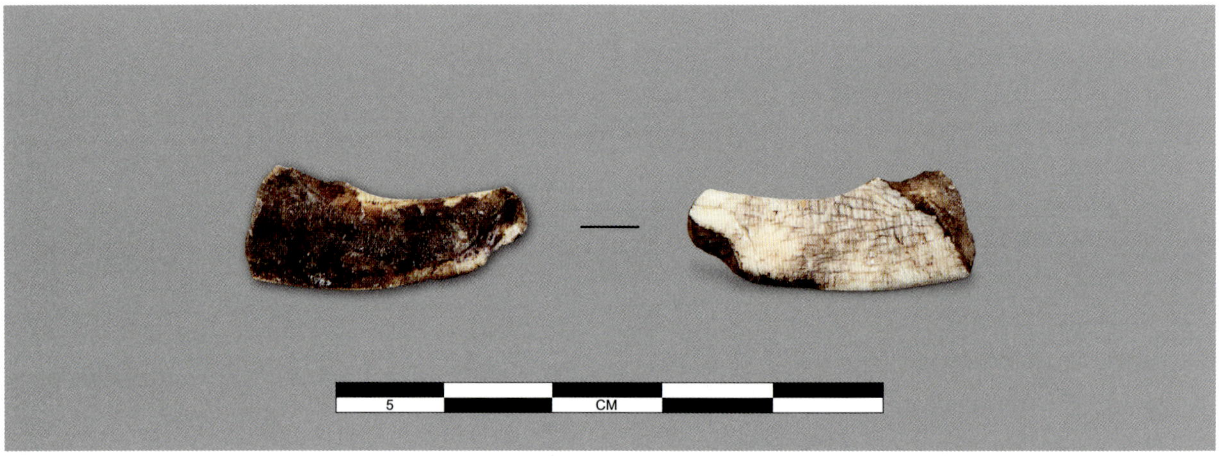

牙刀（2009ZQT1 ③ a ： 167）

骨簪（2011ZQT2-27F2 ： 3）

骨簪（2009ZQT1 ③ b ： 6）

拼合骨簪（2009ZQT1 ③ a ： 9、2009ZQT1 ③ a ： 165）

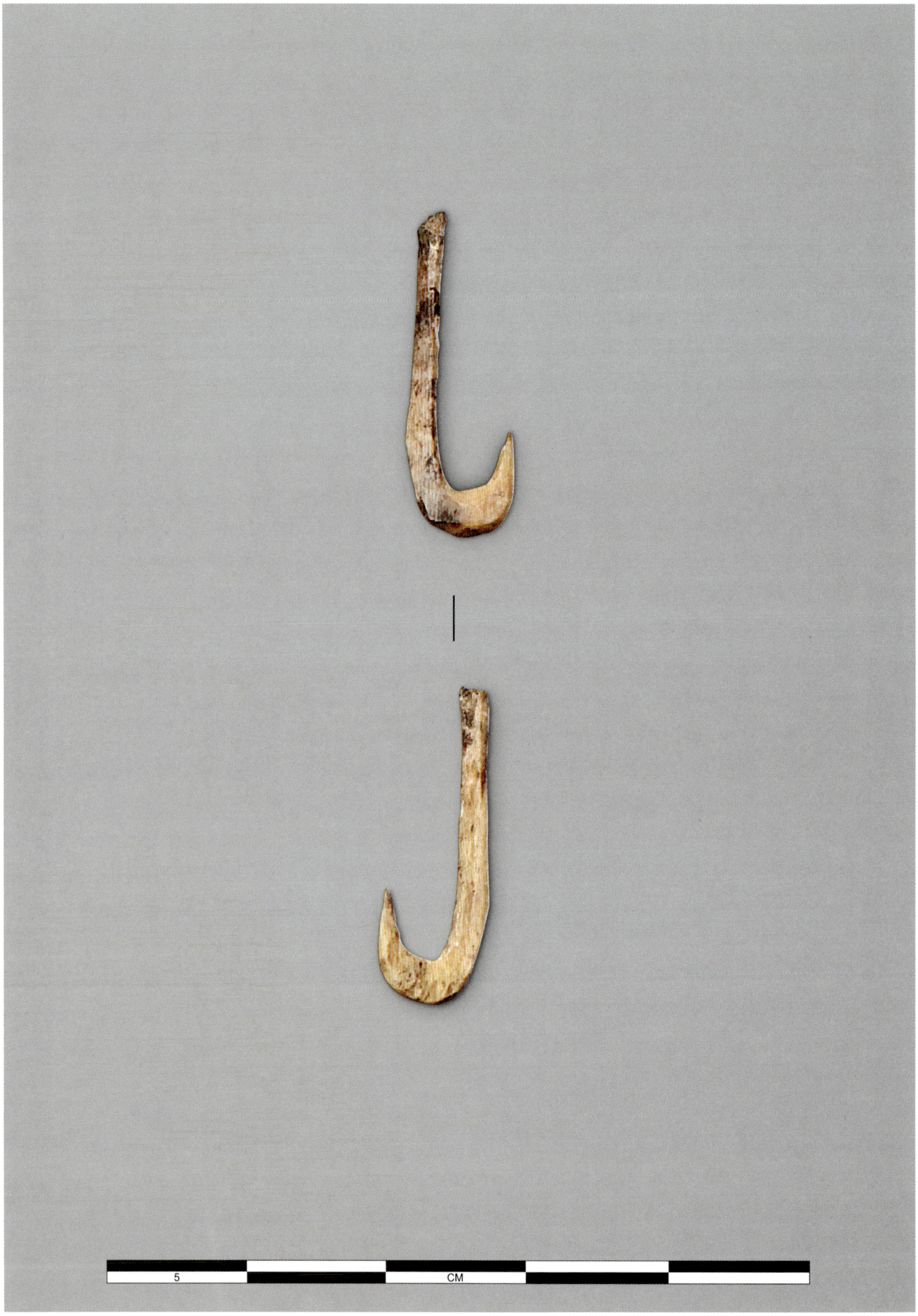

骨制鱼钩（2009ZQT1 ③b ：2）

骨凿（2009ZQT1③a：389）

指骨钻孔饰（2009ZQT1③a：401）

骨匕（2011ZQT2扩③a：247）

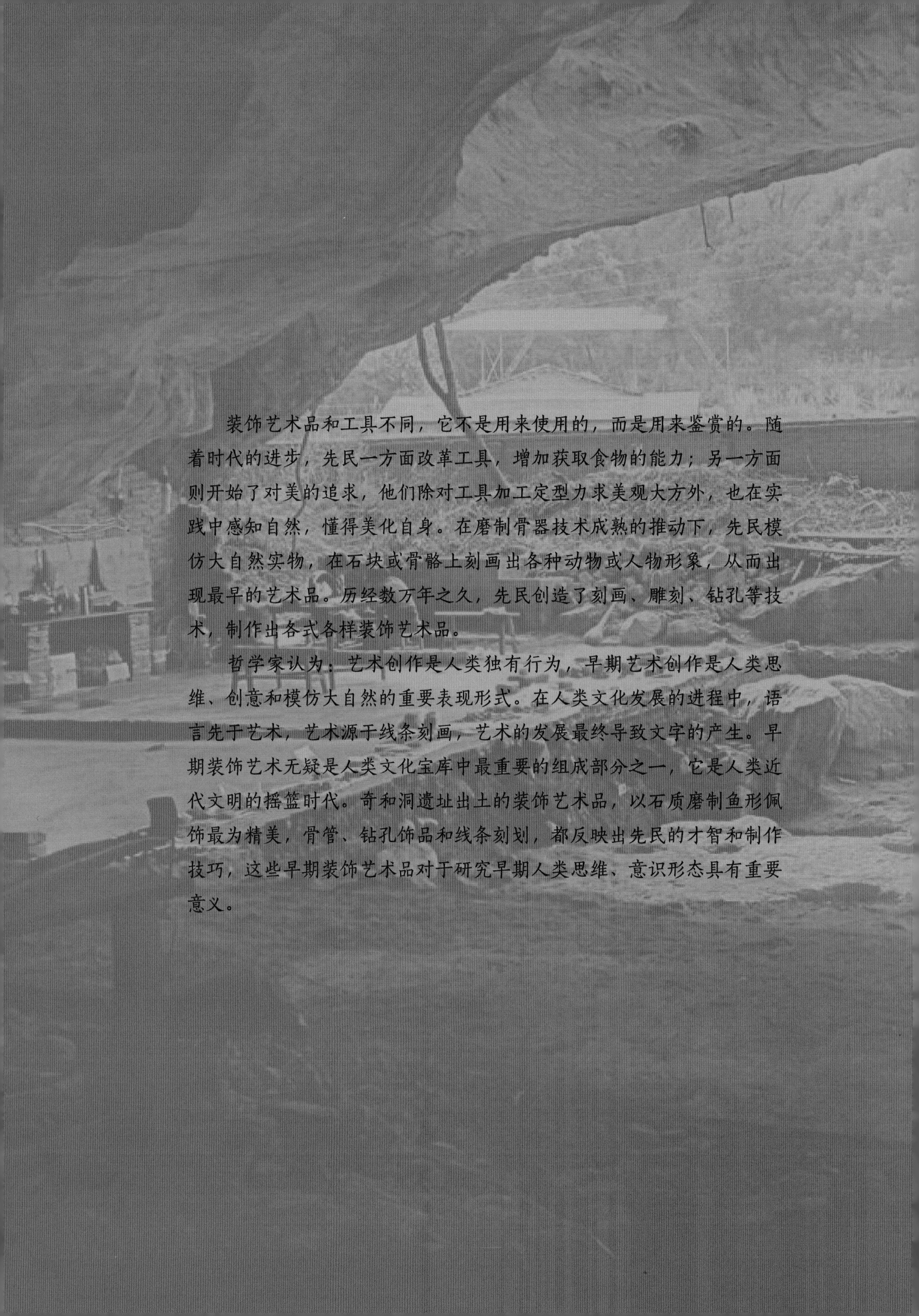

装饰艺术品和工具不同，它不是用来使用的，而是用来鉴赏的。随着时代的进步，先民一方面改革工具，增加获取食物的能力；另一方面则开始了对美的追求，他们除对工具加工定型力求美观大方外，也在实践中感知自然，懂得美化自身。在磨制骨器技术成熟的推动下，先民模仿大自然实物，在石块或骨骼上刻画出各种动物或人物形象，从而出现最早的艺术品。历经数万年之久，先民创造了刻画、雕刻、钻孔等技术，制作出各式各样装饰艺术品。

哲学家认为：艺术创作是人类独有行为，早期艺术创作是人类思维、创意和模仿大自然的重要表现形式。在人类文化发展的进程中，语言先于艺术，艺术源于线条刻画，艺术的发展最终导致文字的产生。早期装饰艺术无疑是人类文化宝库中最重要的组成部分之一，它是人类近代文明的摇篮时代。奇和洞遗址出土的装饰艺术品，以石质磨制鱼形佩饰最为精美，骨管、钻孔饰品和线条刻划，都反映出先民的才智和制作技巧，这些早期装饰艺术品对于研究早期人类思维、意识形态具有重要意义。

第六篇 装饰艺术

人面图形石制艺术品 (2011ZQT2-15 ⑥ C ： 55)

骨管（2009ZQT1 ③ a ： 16）

磨制石质鱼形佩件（2009ZQT1 ③ b ： 3）

刻划石（2011ZQT2-11 ③ c ： 107）

刻划纹石器 (2011ZQT2-27F2 ： 42)

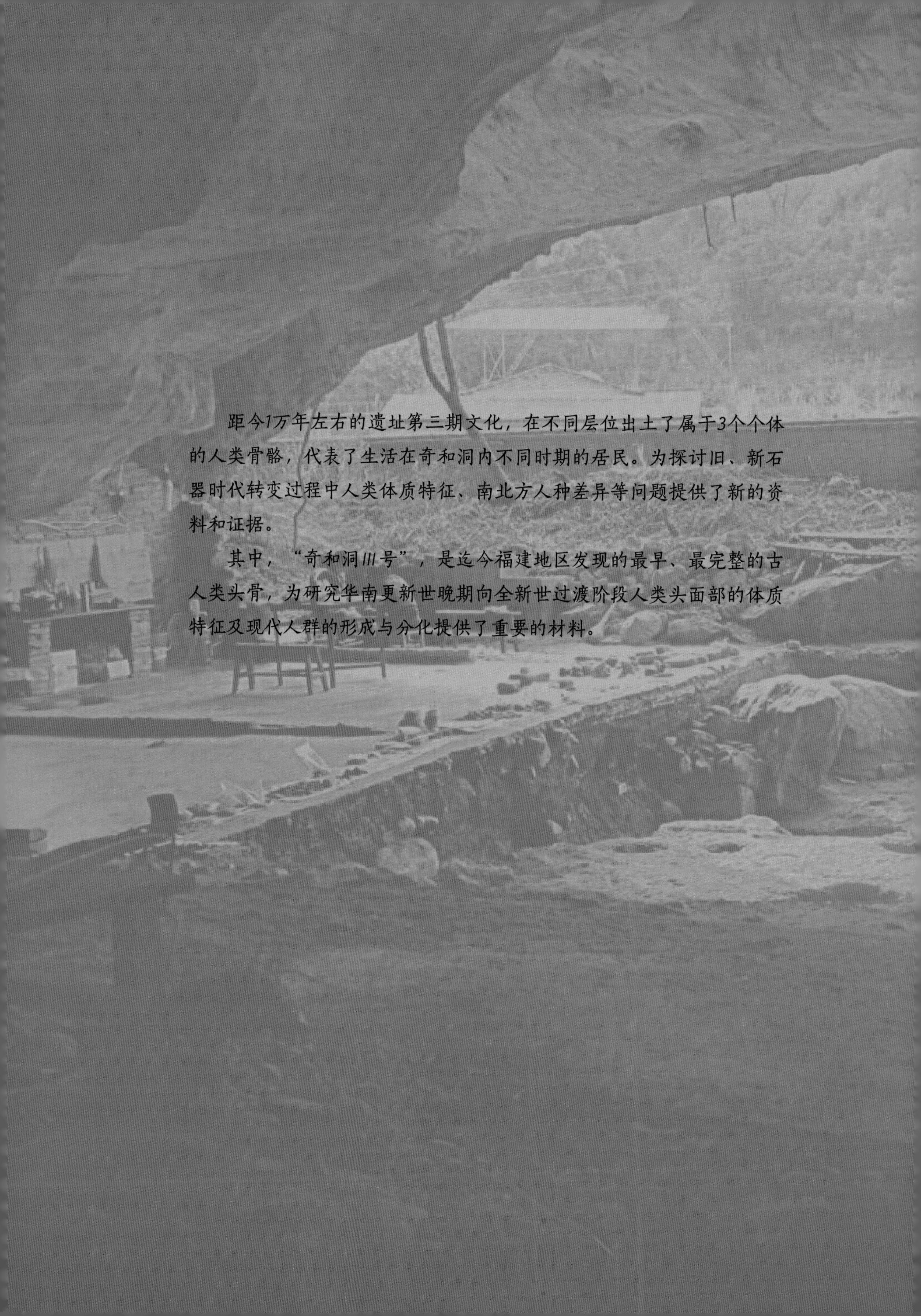

距今1万年左右的遗址第三期文化，在不同层位出土了属于3个个体的人类骨骼，代表了生活在奇和洞内不同时期的居民。为探讨旧、新石器时代转变过程中人类体质特征、南北方人种差异等问题提供了新的资料和证据。

其中，“奇和洞III号”，是迄今福建地区发现的最早、最完整的古人类头骨，为研究华南更新世晚期向全新世过渡阶段人类头面部的体质特征及现代人群的形成与分化提供了重要的材料。

第七篇 人类骨骼

奇和洞Ⅲ号人颅骨出土情况

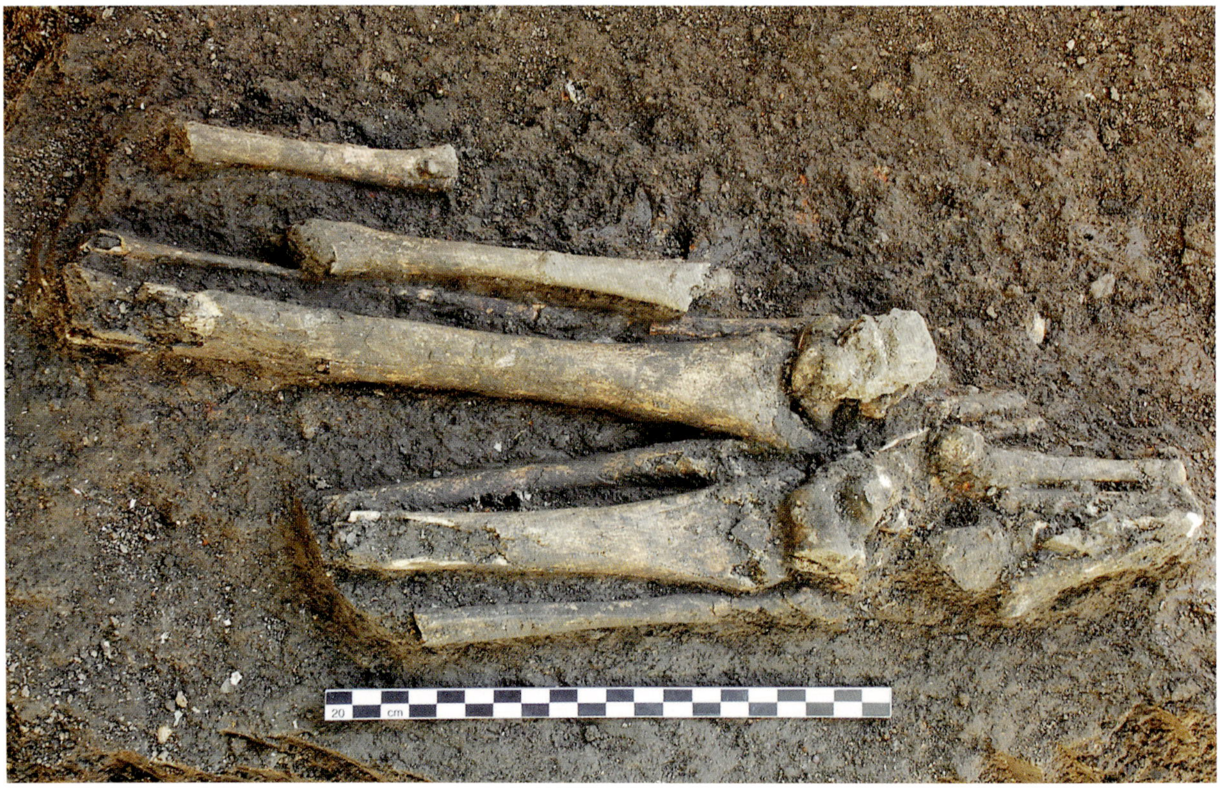

奇和洞Ⅱ号人肢骨出土情况

人骨提取工作现场

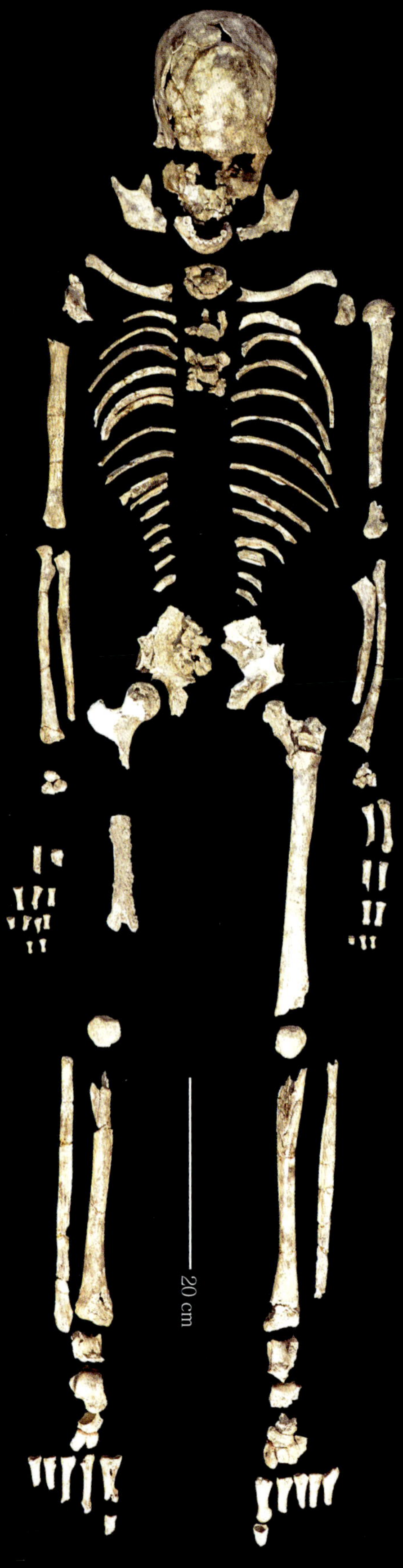

奇和洞Ⅱ号女性全身骨骼

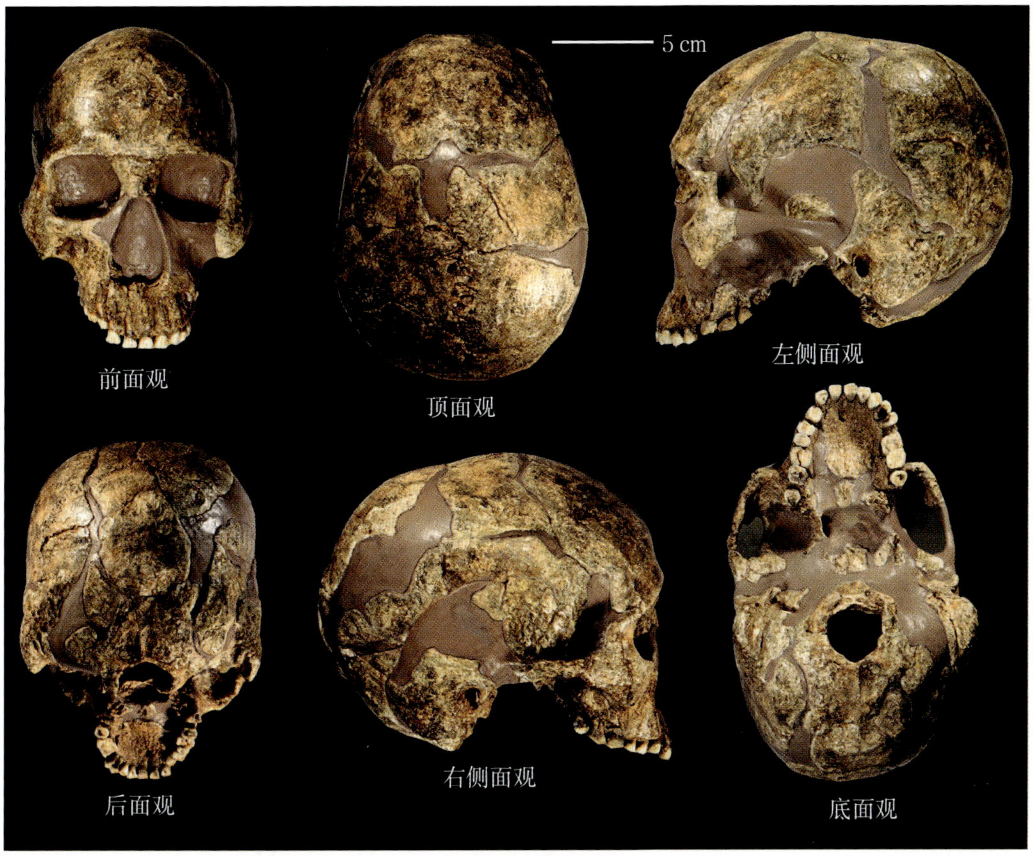

奇和洞Ⅲ号男性头骨

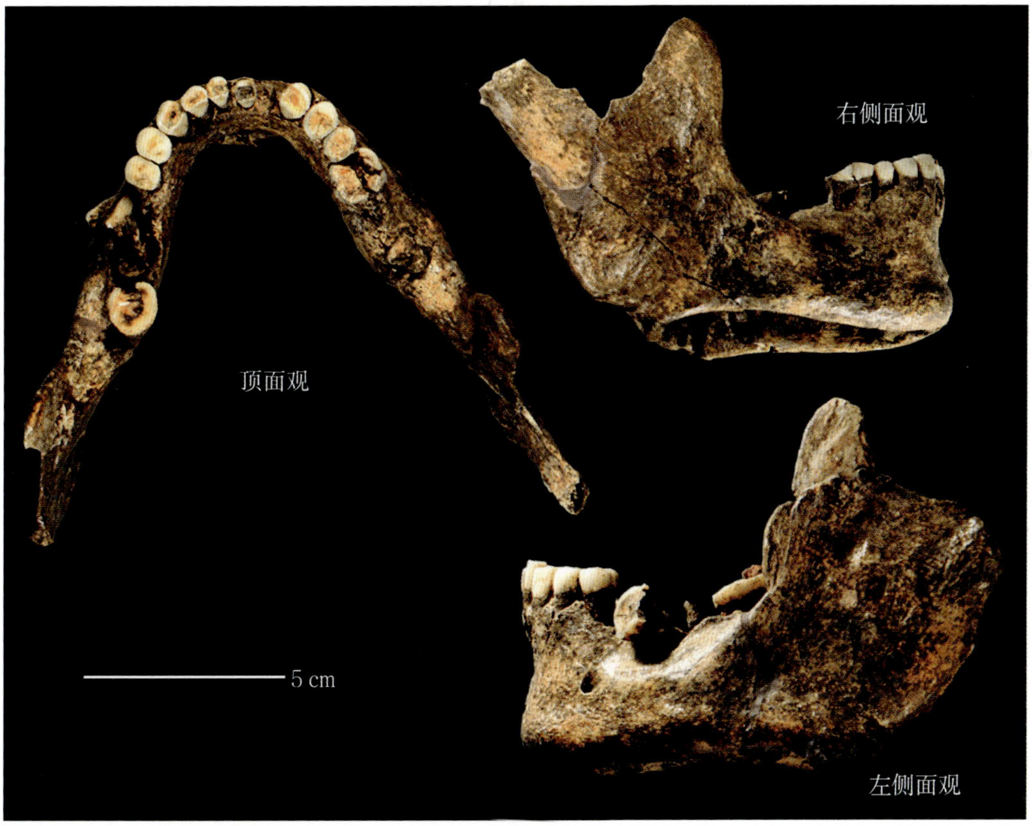

奇和洞Ⅲ号男性下颌骨

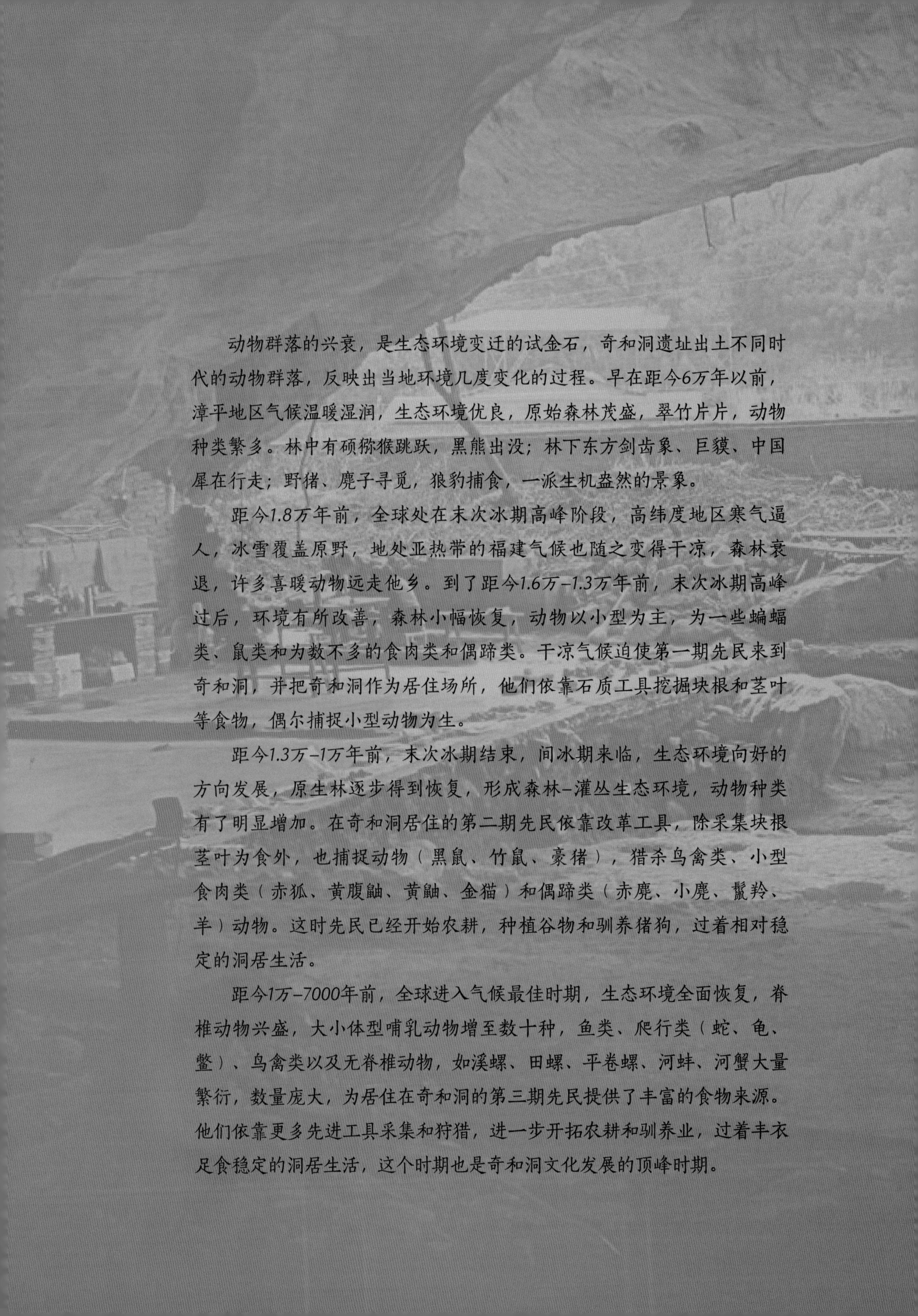

动物群落的兴衰，是生态环境变迁的试金石，奇和洞遗址出土不同时代的动物群落，反映出当地环境几度变化的过程。早在距今6万年以前，漳平地区气候温暖湿润，生态环境优良，原始森林茂盛，翠竹片片，动物种类繁多。林中有硕猕猴跳跃，黑熊出没；林下东方剑齿象、巨貘、中国犀在行走；野猪、麂子寻觅，狼豹捕食，一派生机盎然的景象。

距今1.8万年前，全球处在末次冰期高峰阶段，高纬度地区寒气逼人，冰雪覆盖原野，地处亚热带的福建气候也随之变得干凉，森林衰退，许多喜暖动物远走他乡。到了距今1.6万–1.3万年前，末次冰期高峰过后，环境有所改善，森林小幅恢复，动物以小型为主，为一些蝙蝠类、鼠类和为数不多的食肉类和偶蹄类。干凉气候迫使第一期先民来到奇和洞，并把奇和洞作为居住场所，他们依靠石质工具挖掘块根和茎叶等食物，偶尔捕捉小型动物为生。

距今1.3万–1万年前，末次冰期结束，间冰期来临，生态环境向好的方向发展，原生林逐步得到恢复，形成森林–灌丛生态环境，动物种类有了明显增加。在奇和洞居住的第二期先民依靠改革工具，除采集块根茎叶为食外，也捕捉动物（黑鼠、竹鼠、豪猪），猎杀鸟禽类、小型食肉类（赤狐、黄腹鼬、黄鼬、金猫）和偶蹄类（赤麂、小麂、鬣羚、羊）动物。这时先民已经开始农耕，种植谷物和驯养猪狗，过着相对稳定的洞居生活。

距今1万–7000年前，全球进入气候最佳时期，生态环境全面恢复，脊椎动物兴盛，大小体型哺乳动物增至数十种，鱼类、爬行类（蛇、龟、鳖）、鸟禽类以及无脊椎动物，如溪螺、田螺、平卷螺、河蚌、河蟹大量繁衍，数量庞大，为居住在奇和洞的第三期先民提供了丰富的食物来源。他们依靠更多先进工具采集和狩猎，进一步开拓农耕和驯养业，过着丰衣足食稳定的洞居生活，这个时期也是奇和洞文化发展的顶峰时期。

第八篇

动物化石

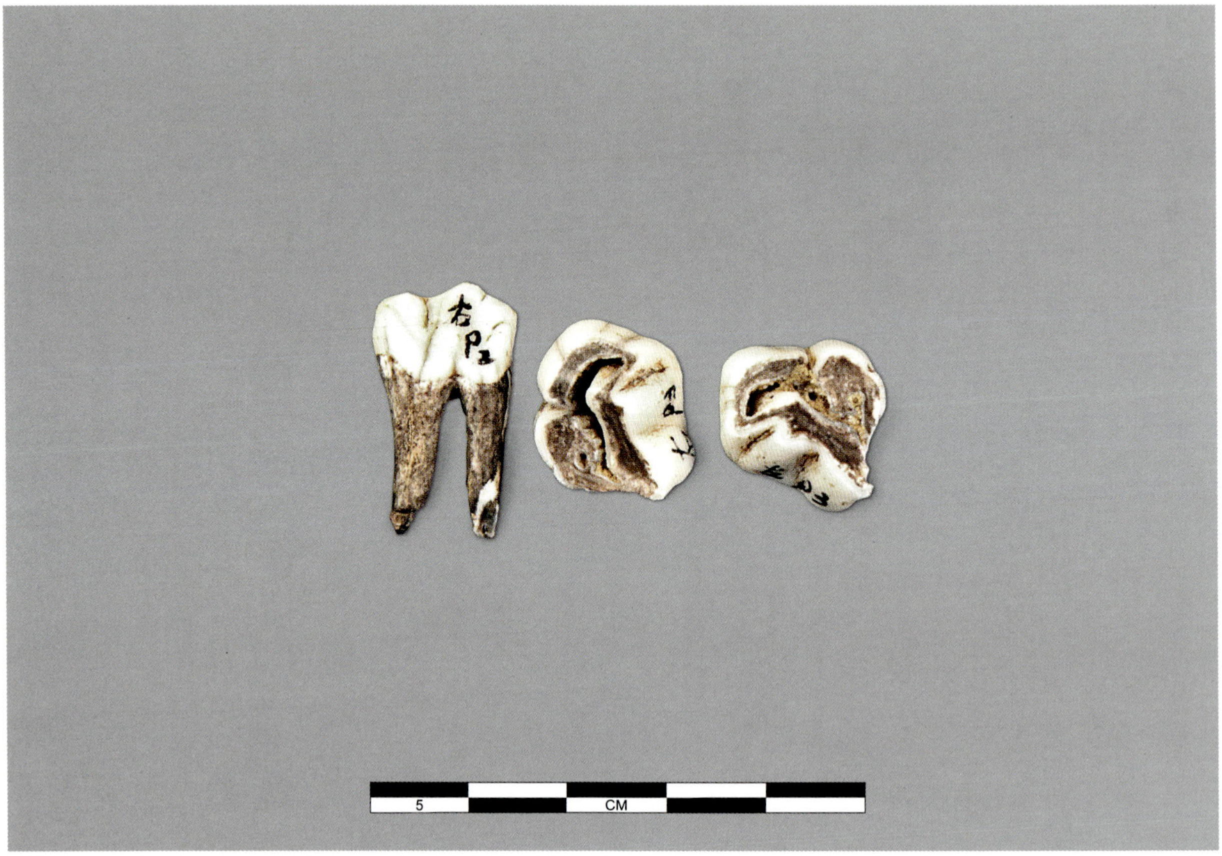

鹿前臼齿

獐右上犬齿

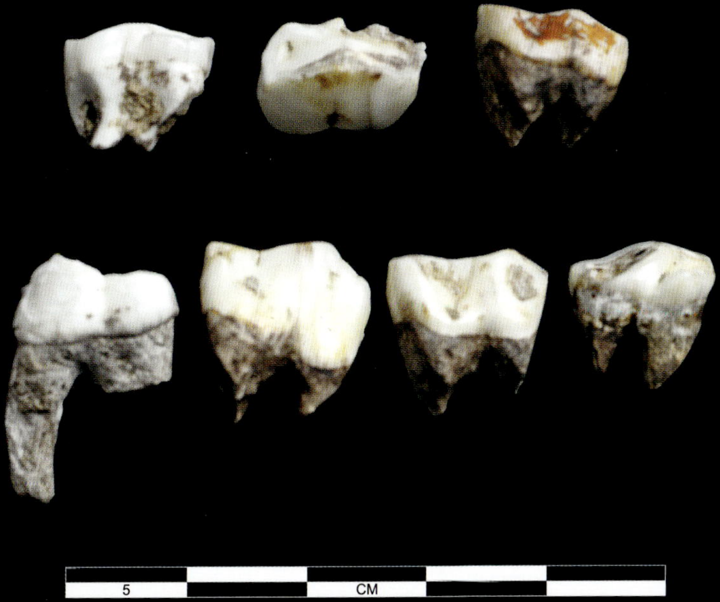

山鹿右下前臼齿

水鹿左上臼齿

山羊右边臼齿

水牛臼齿

中国犀右上臼齿

中国犀左下臼齿

中国犀右上第二臼齿

巨貘右下第二臼齿(南支洞)

东方剑齿象右下臼齿

剑齿象左下臼齿

黑熊左上臼齿

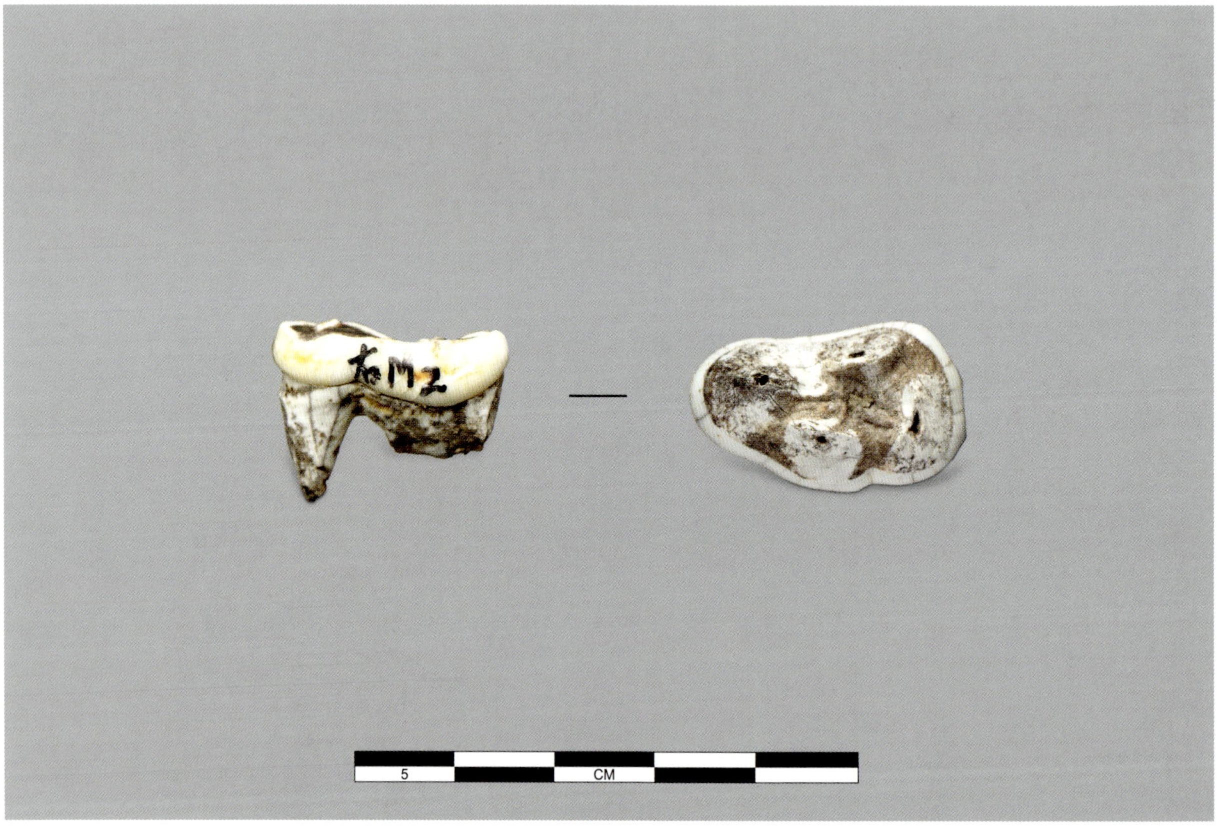

黑熊右边臼齿

豹右上犬齿

豹乳齿

狼左上犬齿

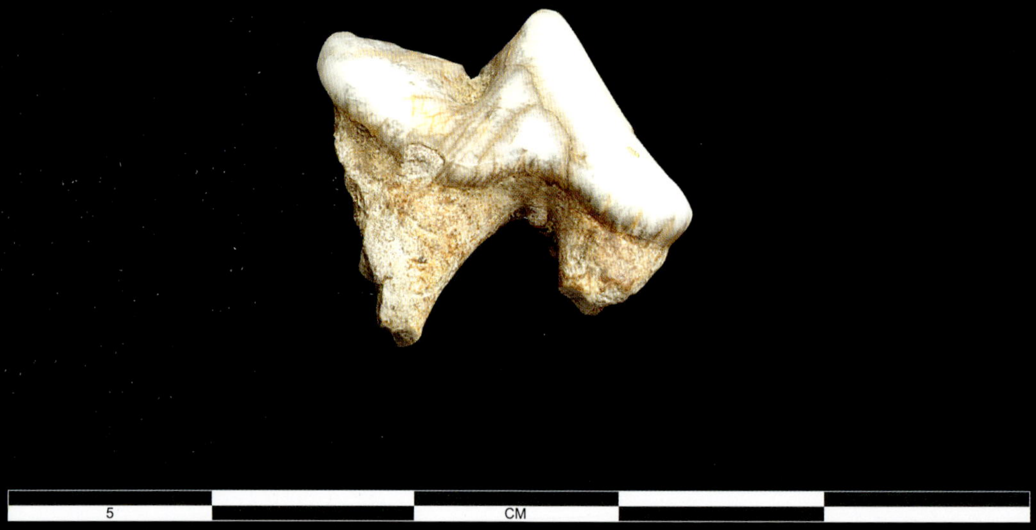

猫科动物左下裂齿

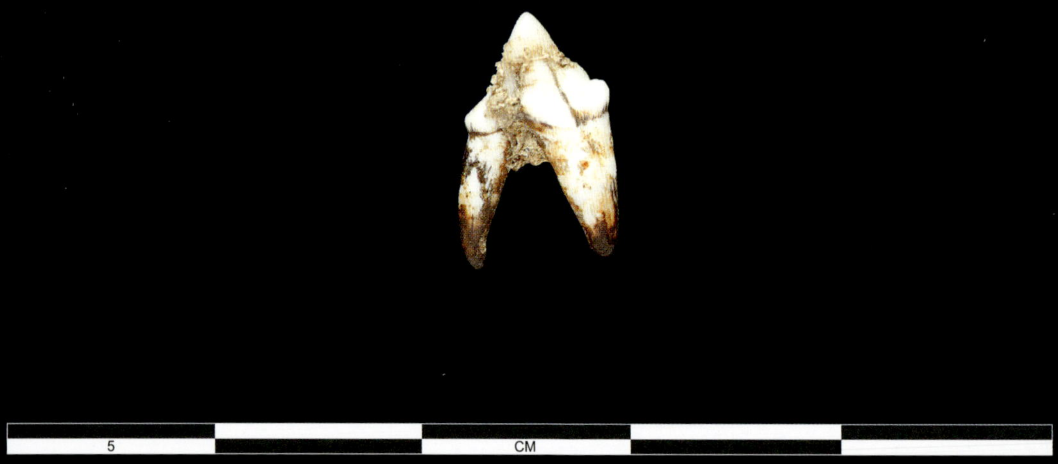

野猫左上第三前臼齿

野猫左下犬齿

豪猪右上臼齿

豪猪左门齿

豪猪右下门齿

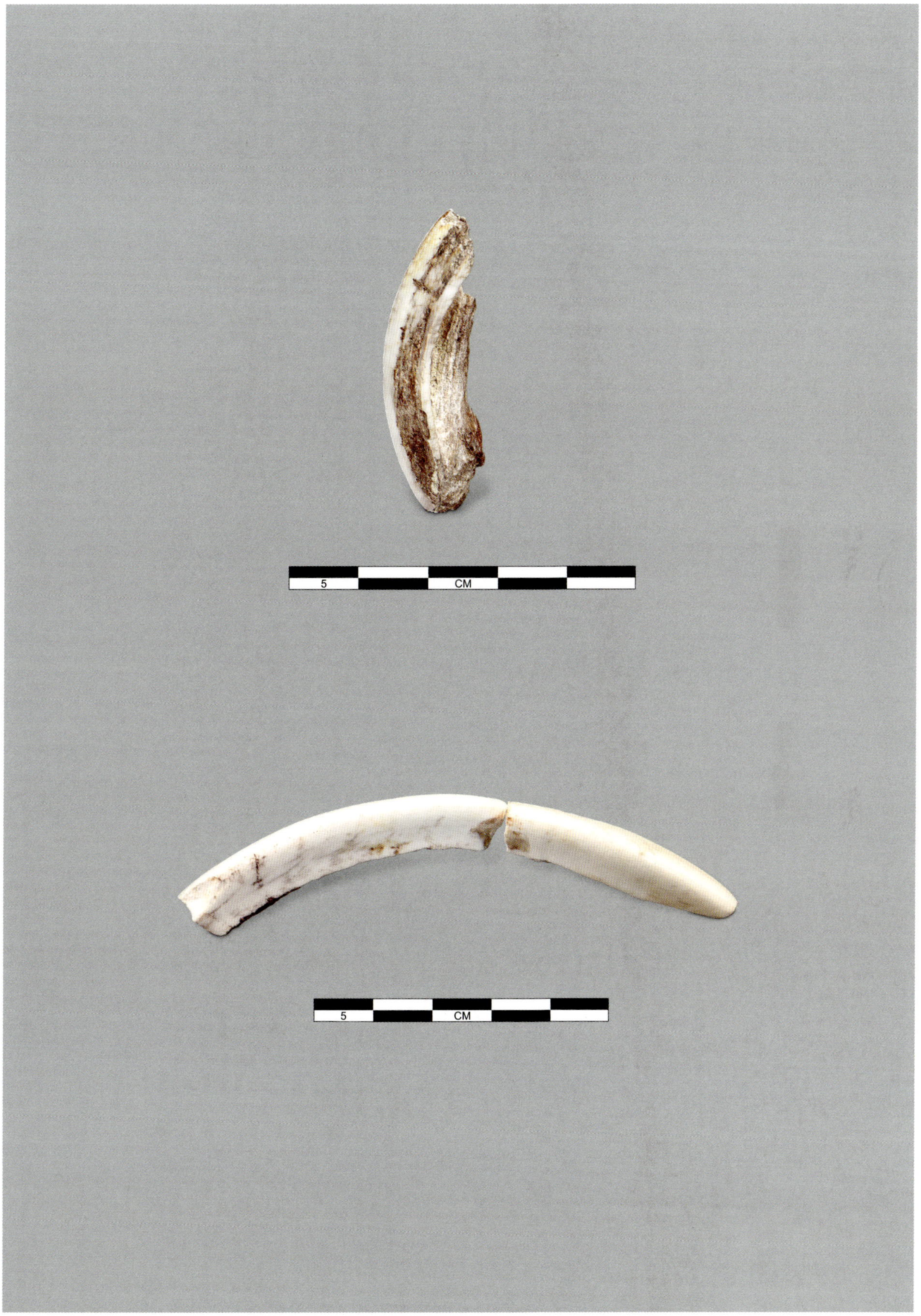

野猪左上犬齿

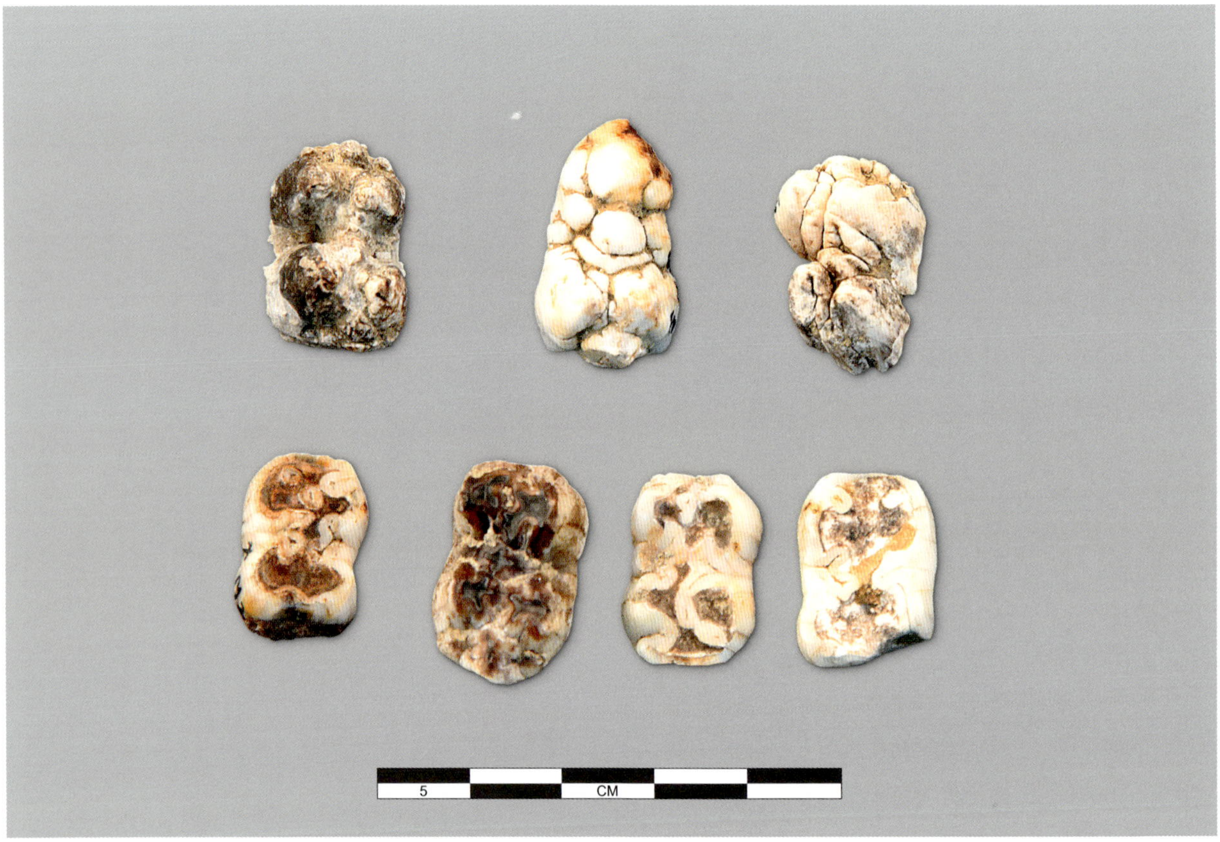

野猪臼齿

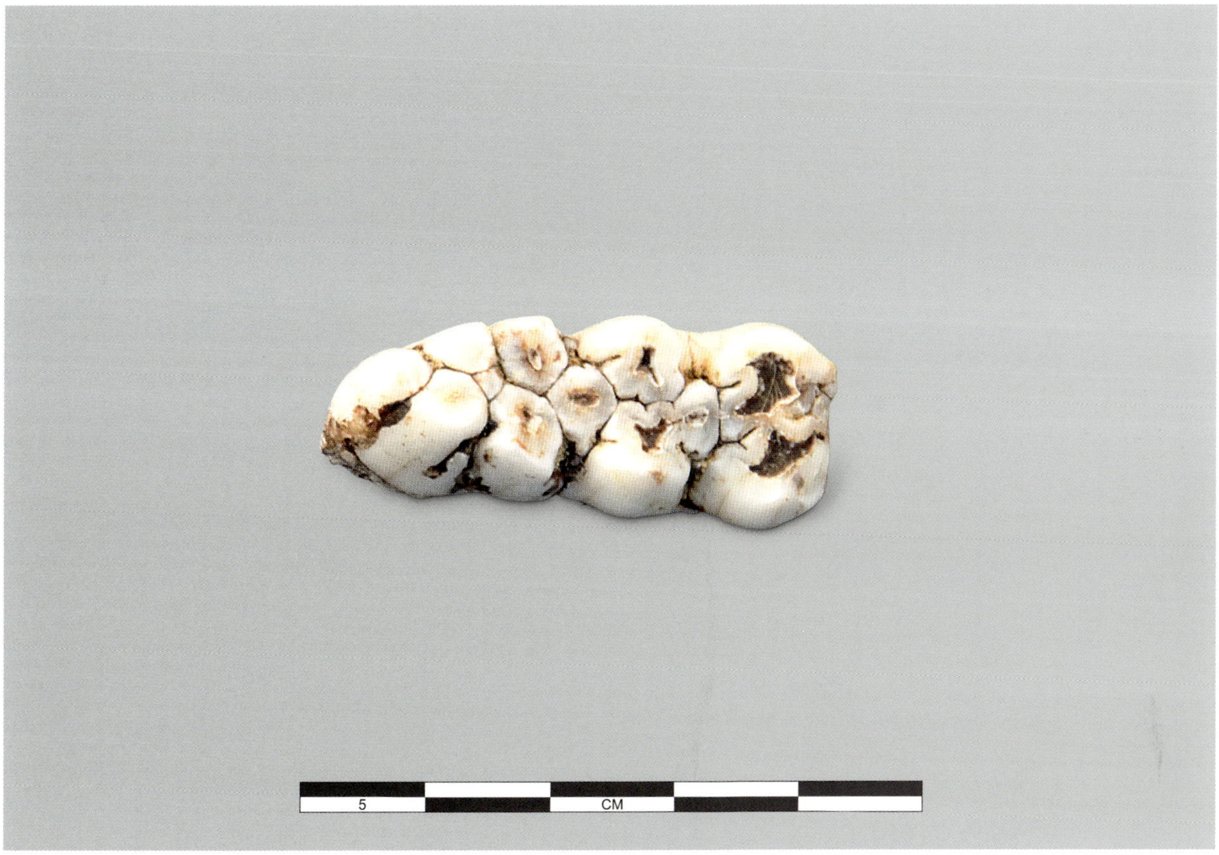

野猪左下臼齿

田鼠门齿

竹鼠门齿

竹鼠左上臼齿

黑鼠左下颌骨

菊头蝠右下颌骨

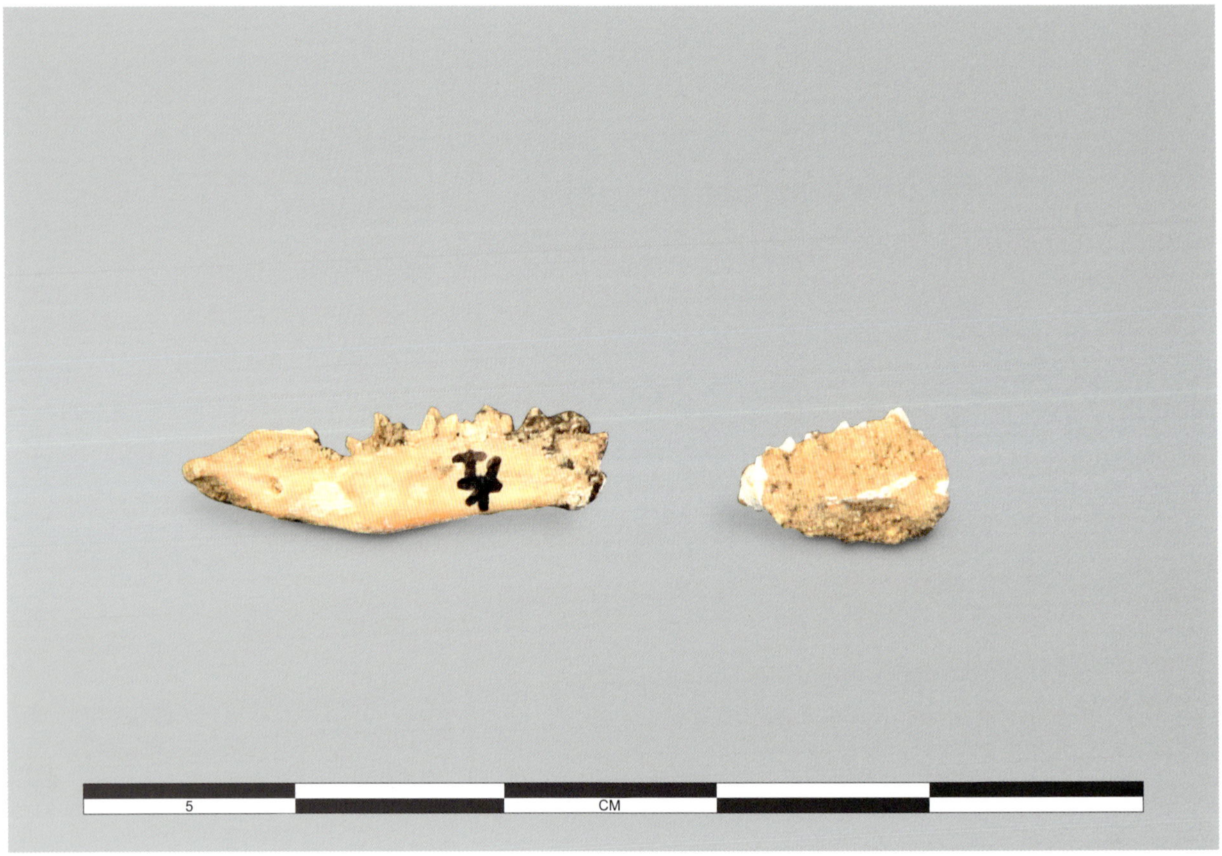

普通蹄蝠下颌骨

猕猴左边门齿

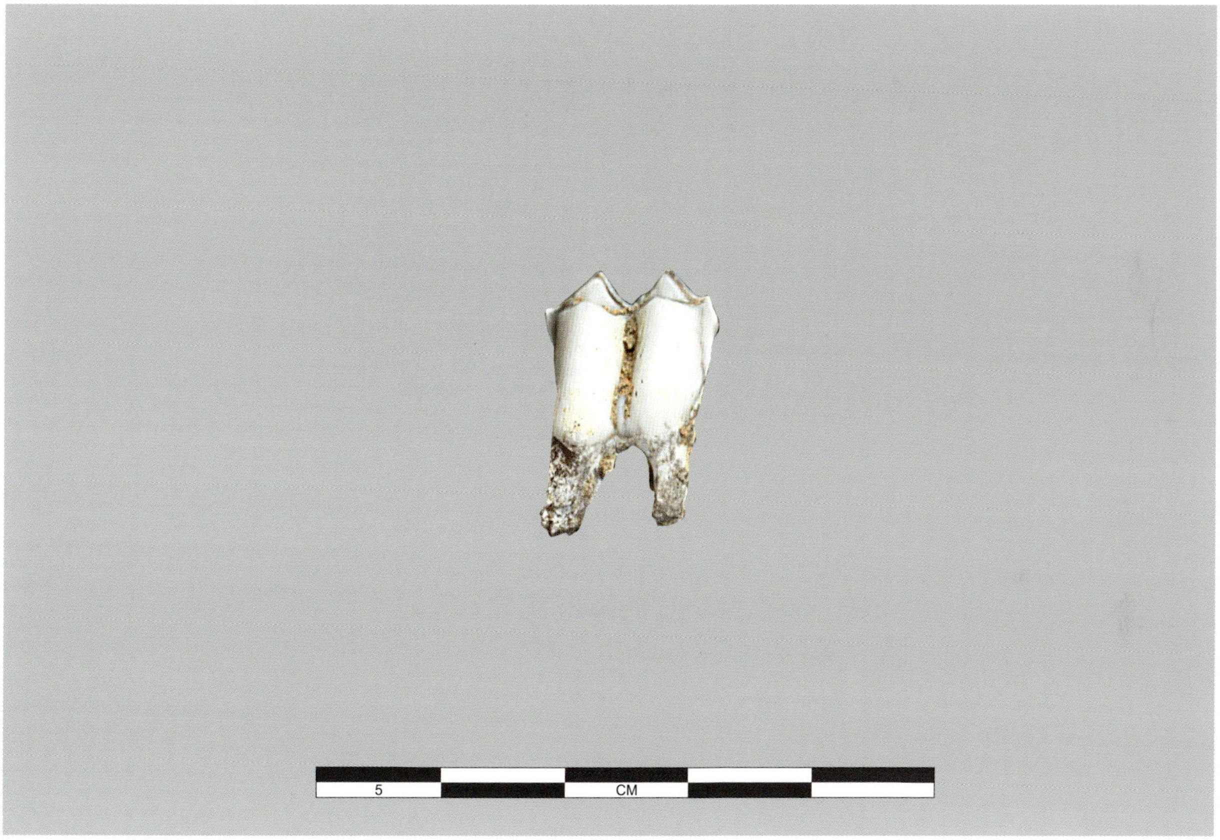

猕猴左下臼齿

动物牙齿

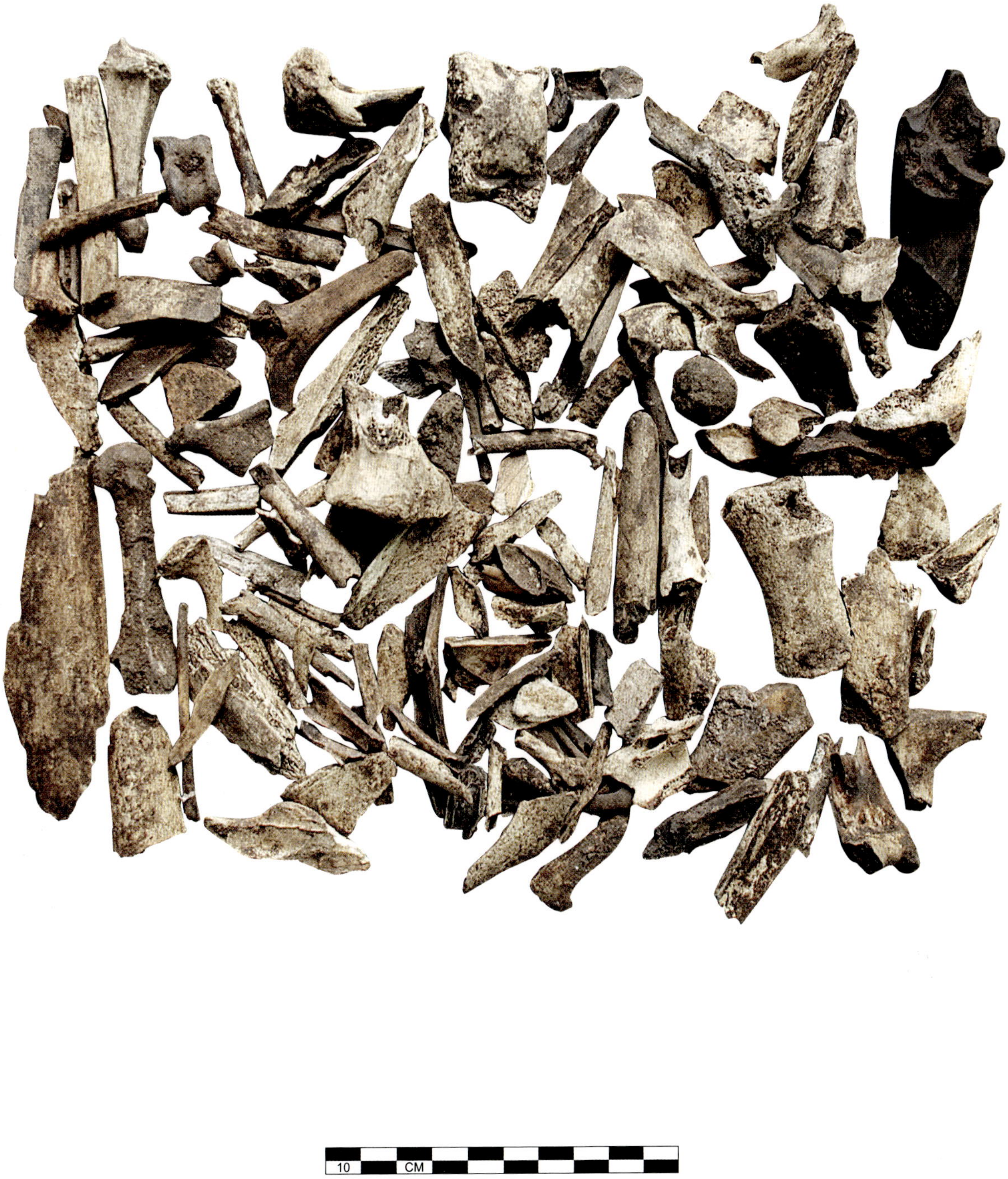

小哺乳类动物碎骨

烧骨碎片

螺壳

第九篇　遗址发掘工作照

发掘现场

小探方发掘清理现场

记录出土遗物的位置

绘制石铺地面遗迹图

出土遗物及时拍照

绘制遗迹图

调查工作照

及时做好发掘记录

留下完备的影像资料

考古专家在遗址现场讨论出土人颅骨保护的问题

标本的室内清理

第十篇

奇和洞遗址发掘大事记（2008—2014年）

1. 2008年12月18日，第三次全国文物普查期间，龙岩市文化与出版局组织的古脊椎动物与古人类化石专题调查队，在奇和洞洞内北、东两个支洞内发现晚更新世中期哺乳动物化石；调查队向当地政府提出抢救性考古发掘和遗址保护的建议。
2. 2009年6月19日，美国夏威夷大学人类学系副教授金成坤在福建博物院考古研究所研究员范雪春、龙岩市文化出版局纪检组长李史明陪同下到奇和洞遗址考察。
3. 2009年11月20日，龙岩市文化与出版局根据考古调查队的建议，决定出资对奇和洞进行考古发掘，项目负责人为李史明，领队范雪春，队员有：羊泽林、吕锦燕、林博、吴锡超、赵玉兰、林凤英、黄秀燕、黄大义、罗丹丹、刘雪靓等。
4. 2010年1月23日，福建省文化厅文物局郑国珍局长到奇和洞遗址视察，听取考古领队介绍，并观摩出土的实物标本，对遗址的发掘与保护提出宝贵意见。
5. 2010年12月17日，龙岩市文化与出版局采纳奇和洞考古队意见，追加20万元考古发掘经费，奇和洞遗址第二次发掘正式开始。李史明为项目负责人，范雪春任领队，队员有王银平、赵玉兰、林凤英、黄大义、程治顺等。
6. 2010年12月22日，赵兰玉、林凤英发掘时在T2探方第3a层下发现孩童部分肢骨和颅骨，以及大量陶器残片、石制品和动物遗骸等遗物。
7. 2010年12月27日，漳平市博物馆副馆长黄大义和技术工人赵兰玉，采用套箱法，提取3a层下的孩童肢骨。
8. 2010年12月28日，漳平市博物馆副馆长黄大义和技术工人赵兰玉等，采用套箱法，提取第3a层的孩童颅骨。
9. 2011年1月3日13：50，赵兰玉首先发现T2第3c层下的成年男性完整的颅骨。
10. 2011年1月3日14：10，王银平发现T2第3c层下的成年人胫骨。
11. 2011年1月6日，福建博物院副院长林恭务、书记颜克慎和林聿亮、陈宇，时任龙岩文化与出版局局长张耀清、纪检组长李史明，龙岩市博物馆陈炎德，漳平市文化体育局副局长张洛平、漳平市博物馆原馆长罗宜生等一行，在象湖镇镇长吴强辉、宣传委员李新中的陪同下到奇和洞遗址现场考察，对发掘成果给予充分肯定和高度评价，并对遗址的深入发掘和保护，提出许多建设性意见。
12. 2011年1月12日下午，厦门大学吴春明教授、葛威博士、佟珊博士生来工地考察，对发掘成果给予充分肯定，对进一步发掘与研究提出了许多宝贵意见，在多学科领域共同研究合作上达成一致，并由葛威博士提取遗物中残留的淀粉粒及对石器的进行微痕分析样品采集。

2011年1月，福建博物院林恭务等一行来奇和洞视察

13. 2011年1月15日下午，国家文物局考古处副处长张磊、中国社会科学院考古研究所副所长陈星灿研究员，在厦门市文化局副局长李云丽，时任龙岩市文化与出版局局长张耀清、纪检组长李史明，漳平市副市长许志光、文化局局长杨明，象湖镇书记林瑞碧、镇长吴强辉、宣传委员李新中，龙岩日报记者、漳平市电视台记者等的陪同下，一同到考古工地考察调研。他们对奇和洞遗址的发现与发掘给予充分肯定，对遗址发掘成果给予高度评价，并就遗址深入发掘、研究与科学保护提出宝贵意见。

14. 2011年1月16日，中国科学院古脊椎动物与古人类研究所副所长高星研究员、吴秀杰副研究员、赵忠义高工，以及博士研究生关莹和彭菲应邀抵达象湖镇，考察了奇和洞遗址，并商量提取第3c层人类遗骨和残留物等分析测试样品。龙岩市文化与出版局纪检组长李史明及陈炎德、张永辉，漳平市副市长许志光、文化体育局副局长张洛平、象湖镇书记林瑞碧、镇长吴强辉、宣传委员李新中、龙岩日报记者、漳平市电视台等一行陪同考察报道。

15. 2011年1月16日下午，福建博物院范雪春研究员、中国科学院古脊椎动物与古人类研究所赵忠义高工、漳平市博物馆副馆长黄大义等，采用套箱法，提取第3c层成年男性颅骨。

16. 2011年1月16日晚，在象湖镇政府会议室召开“漳平奇和洞遗址阶段性考古发

2011 年 1 月，中国社会科学院考古研究所陈星灿、国家文物局张磊等考察

2011 年 1 月，李史明等在奇和洞

2011 年 1 月，中国科学院古脊椎动物与古人类研究所高星一行考察并提取人骨

掘专家座谈会”。会议就奇和洞遗址发掘成果的学术价值给予充分肯定，对发掘方法给予高度评价，对遗址的深入研究、保护与开发利用，提出诸多建设性宝贵意见。与会人员有中国科学院古脊椎动物与古人类研究所副所长高星研究员、尤玉柱研究员、吴秀杰研究员、赵忠义高工以及博士研究生关莹和彭菲，福建博物院范雪春研究员、福建昙石山遗址博物馆王银平、龙岩市文化与出版局纪检组长李史明，漳平市副市长许志光、漳平市文化体育局副局长张洛平，漳平市博物馆馆长黄秀燕、副馆长黄大义，象湖镇镇书记林瑞碧、镇长吴强辉等一行。

17. 2011 年 1 月 18 日，漳平市规划所陈添春偕同水利局和设计院工人员一行三人赴奇和洞遗址勘察、设计排水系统，解决奇和洞遗址排水问题。
18. 2011 年 1 月 21 日，美国夏威夷毕士普博物馆焦天龙教授到奇和洞参观考察。
19. 2011 年 3 月 8 日，在各级领导的重视和大力支持下，奇和洞遗址第三次考古发掘工作顺利开展。参加人员有：福建博物院范雪春、危长福、马应丰；福建昙石山遗址博物馆王银平、林凤英；龙岩市博物馆李水常、马兴昌；漳平市博物馆黄秀燕、黄大义、罗丹丹等。
20. 2011 年 4 月 13 日，奇和洞遗址野外发掘工作圆满结束，第一至第三次考古发掘资料全部运到龙岩市博物馆保管，该馆作为全面整理及研究奇和洞遗址材料的主要场所。
21. 2011年4月30日至5月1日，美国夏威夷毕士普博物馆、厦门大学客座教授焦天龙、

2011年1月，美国夏威夷毕业普博物馆焦天龙、龙岩博物馆孙国亮等一行来工地考察

厦门大学历史系人文学院考古专业葛威博士等，到奇和洞遗址提取微形态学研究和分析样品。

22. 2011年5月7日，中国科学院古脊椎动物与古人类研究所、中国社会科学院考古所、福建博物院、龙岩市文化与出版局、漳平市人民政府，在龙岩市召开奇和洞工作协作会议，并联合签署了《关于合作开展福建漳平奇和洞及相关遗址考古研究项目的协议》。

23. 2011年5月8日，中国科学院古脊椎动物与古人类研究所副所长高星研究员、李小强研究员、张双双副研究员和研究生孙楠，中国社会科学院考古研究所副所长陈星灿，中国社会科学院考古研究所史前考古研究室主任傅宪国研究员、副主任李新伟研究员、副主任梁中合研究员，以及福建博物院考古研究所范雪春研究员，在漳平市副市长许志光、漳平市政协副主席林亮的陪同下到奇和洞遗址现场考察，确定核心保护区和建设控制地带。

24. 2011年5月11日，福建省文物局副调研员何经平、福建博物院原副院长王振镛研究员、福建博物院考古研究所范雪春研究员，专程赴漳平实地调研奇和洞遗址的保护工作，漳平市领导陪同调研。

25. 2011年6月18日，中国科学院古脊椎动物与古人类研究所、中国科学院人类演化实验室李超荣研究员在福建博物院考古研究所范雪春研究员的陪同下，到奇和洞遗址现场考察。

26. 2011年9月8日，福建省文化厅宋闽旺厅长专程赴漳平实地调研奇和洞遗址保护工作，龙岩市文化与出版局局长张耀清、漳平市有关领导陪同调研。

2011 年 5 月，签署合作开展奇和洞及相关遗址考古研究项目的协议

2011 年 5 月，中国社会科学院考古研究所陈星灿、傅宪国、李新伟在辨认遗址出土陶片

27. 2012 年 2 月 11-13 日，福建奇和洞遗址考古论证会在福建博物院召开，参加的专家领导有：原国家文物局副局长、国家文物局专家组组长黄景略，中国科学院古脊椎动物与古人类研究所副所长高星研究员，中国社会科学院考古研究副所长陈星灿研究员，北京大学考古文博学院王幼平教授，吉林大学考古学系陈全家教授，河北省文物局副局长、河北省文物研究所谢飞研究员，厦门大学历史系考古学专业吴春明教授，福建博物院林恭务研究员等。他们对奇和洞遗址的发掘、学术价值和意义等，给予充分肯定和高度评价。

2012 年 2 月，福建奇和洞遗址论证会

黄景略（国家文物局专家组组长）

高星（中科院古脊椎动物与古人类研究所副所长）

陈星灿（中国社科院考古研究所副所长）

林恭务（福建博物院副院长、昙石山博物馆馆长）

吴春明（厦门大学历史系教授）

谢飞（河北省文物局副局长）

陈全家（吉林大学边疆考古研究中心教授）

王幼平（北京大学考古文博学院教授）

奇和洞遗址论证会与会专家发言

福建奇和洞遗址专家论证会合影

28. 2012年2月14日，来自中国科学院、北京大学、吉林大学、河北省文物局、福建博物院等5名考古专家到奇和洞遗址现场考察，漳平市领导陪同考察。
29. 2012年4月11–13日，在北京评选全国十大考古新发现活动中，奇和洞遗址被评为2011年度全国十大考古新发现。
30. 2012年6月23日，漳平市人民政府公布奇和洞遗址为第五批市（县）级文物保护单位。
31. 2012年7月4日，福建省文化厅党组成员、省文物局局长郑国珍在漳平市委书记邓菊芳、龙岩市文化与出版局纪检组长李史明及漳平市9个部门负责人的陪同下，到奇和洞遗址现场调研。郑国珍局长建议组建漳平市文物局，对奇和洞遗址公园进行保护规划和总体开发设计。
32. 2012年7月10日下午，海峡两岸奇和洞生态农业开发考察团到奇和洞遗址参观考察。
33. 2012年9月7日，浙江省文物考古研究所副所长王海明研究员在福建博物院考古研究所范雪春研究员的陪同下到奇和洞遗址考察。
34. 2013年1月28日，福建省人民政府公布奇和洞遗址为第八批省级保护单位。
35. 2013年2月18日，国家文物局原副局长、专家组组长黄景略一行到奇和洞考察调研，

2012 年 7 月，福建省文物局局长郑国珍参观遗址

对奇和洞遗址的保护工作给予充分肯定，并提出许多指导性意见和建议。

36. 2013 年 3 月 16 日，福建博物院范雪春等陪同台湾“中央”研院历史语言研究所考古专家陈仲玉一行五人到奇和洞考察并到龙岩市博物馆看实物标本，认为奇和洞遗址与马祖亮岛遗址群出土的文化遗物有诸多相似性；提出奇和洞遗址对探讨闽台史前文化渊源关系，以及南岛语族起源与扩散等课题具有重要学术价值。

37. 2013 年 3 月 18 日，首届奇和洞文化节在奇和洞举行，由象湖镇人民政府倡议并筹备承办，吸引了周边广大干部和群众到场，参加人数达 5000 多人，影响很大，取得很好社会效果。

38. 2013 年 5 月 6 日，经国务院审核通过，公布了奇和洞遗址被公布为第七批全国重点文物保护单位。

39. 2013 年 5 月 15 日，龙岩市副市长郭丽珍一行在漳平市许志光副市长一行陪同下到奇和洞考察调研。

40. 2013 年 6 月 23 日，龙岩市文广新局局长卢伟耀、副局长李史明及龙岩市部分人大代表、政协委员到奇和洞视察调研，就奇和洞遗址的保护和开发利用进行广泛讨论。

41. 2013 年 7 月 24 日，中国科学院古脊椎动物与古人类研究所刘武、吴秀杰研究员一行 3 人到奇和洞考察，进一步推动奇和洞遗址深入研究。

42. 2013年7月24–25日，福建省委党校蔡加福教授一行7人、郑恒峰教授一行3人，分别到奇和洞参观考察。
43. 2013年8月21日，福建省委党史研究室郑龙、苏俊才副主任，龙岩市委党史研究室主任 一行20人，到奇和洞参观考察调研。
44. 2013年10月15日，福建博物院范雪春等陪同北京、台湾、山东、江西、浙江、广东等考古专家一行45人，到奇和洞参观考察，并观摩奇和洞遗址出土实物标本，对发掘成果给予充分肯定和高度评价。
45. 2013年10月23日，龙岩市政协饶作勋主席、李占开副主席等一行9人，到奇和洞参观考察。
46. 2013年10月24日，福建省地质调查研究院梁诗经研究员一行4人，到奇和洞参观考察。
47. 2013年11月22日，中国人民大学许鹏一行7人到奇和洞参观考察。
48. 2014年1月9日，广州白云文物保护工程有限公司、广州翰瑞文物设计研究中心黄京一行3人，到奇和洞考察调研。